本书获广州市教育科学“十一五”规划课题与广州市越秀区科技局软科学项目资助

区域基础教育
科研绩效管理研究

QUYU JICHU JIAOYU
KEYAN JIXIAO GUANLI YANJIU

周 慧 刘 莺 高慧冰◎ 著

暨南大學出版社
JINAN UNIVERSITY PRESS

中国·广州

图书在版编目（CIP）数据

区域基础教育科研绩效管理研究／周慧，刘莺，高慧冰著．
—广州：暨南大学出版社，2012.10
ISBN 978－7－5668－0370－2

Ⅰ.①区…　Ⅱ.①周…②刘…③高…　Ⅲ.①地方教育—基础教育—科研管理—研究—中国　Ⅳ.①G639.2

中国版本图书馆 CIP 数据核字（2012）第 244105 号

出版发行：暨南大学出版社

地　址：中国广州暨南大学
电　话：总编室（8620）85221601
营销部（8620）85225284　85228291　85228292（邮购）
传　真：（8620）85221583（办公室）　85223774（营销部）
邮　编：510630
网　址：http：//www.jnupress.com　http：//press.jnu.edu.cn

排　版：弓设计
印　刷：佛山市浩文彩色印刷有限公司

开　本：890mm×1240mm　1/32
印　张：6.25
字　数：180 千
版　次：2012 年 10 月第 1 版
印　次：2012 年 10 月第 1 次

定　价：22.00 元

序　言

这是一本很有教育研究指导价值的书，其可贵之处在于对实践层的“教育科研管理”超越了一般教条主义的刻板理解，而真正进入基础教育学校与个人实践性研究的核心价值层面，由此建立起来的管理体系与管理文化也突现出了服务和培训的属性。

教育科研有着悠久的历史。有教育就有对教育的研究，有研究就需要依循一定的规律和方法，讲究一定的科学性。但是，如果从狭义上去谈教育科研，比如基础教育学校一线教师所从事的教育科研，在我国则还是这二三十年的事。在这短暂的时期内，中小学教师参与教育研究，经历了从经验型的研究活动、松散型的组织方式、自发型的孤立操作，走向自觉的科学理论学习、完备的管理指导机制和协作体、区域性的整体发展的过程。本书作者所在的区域同样走过这样的研究之路。21 世纪初，由于行政区划的并合调整，造成了可以理解的震荡，广州市越秀区中小学教育科研管理处于草创阶段，无论从经验、体制、投入资源和理论准备上都很不充分，呈现的状态难免粗放、松散，质量水平不高。近年来，以本书作者团队为主体的“基础教育科研管理组织”——越秀区教育发展中心科研部励精图治，逐步改变区域基础教育科研相对落后的局面，不但在课题立项、成果呈现上进入了较好的状态，而且广泛地调动了教师的科研热情，投身于学校教育实践研究，有力地促进了学校发展、课程改革和教师专业成长。更为可贵的是，该团队对区域科研的管理组织工作超越了一般常规性的行政事务而引入了行动研究的理念和策略，自身就成为一个旨趣独特的研究项目。在这些年的组织管理工作中，作者团队坚持理论学习与实践指导相结合，不断探索，反复研究，作风扎实、坚忍、高效。他们所构建的管理指导体系丰富完备，具体周详；“绩效管理”的概念与方法为基础教育科研管理提供了新的思路。今天，这本《区域基础教育科研绩效管理研究》的出版，就是其成果的集中体现。

有关“绩效”的解释，学界尚无统一的定说，大致没有疑义的核心要素是“做了什么”，是关于目标、结果、任务达成度的概念；同时，对于“绩效”又必须关注执行（如何做）的状况，因此又与过程有关。在基础教育领域内开展的学校教育科研中，执行的水平和组织成员的参与状态更被置于项目达成度的关键要素之列。谈到管理与评估，最忌讳以生硬的刚性指标、数字标尺去框套生动丰富的现象世界。在“绩效”范畴里，目标是关键性要素，而目标在特定语境中的界定就变得非常重要。中小学一线教学基层承担科研项目，不同于一些仅以析疑、明理、证实、论辩等理性认识发展为目的的研究，它强调发现问题，以解决问题为导向，强调设计或策划，强调实实在在地做，强调学习，强调反思，强调重建。因而这对于承担项目的团队或个人来说，就具有研究性改革实践的特征。借用叶澜教授关于教育研究的一段论说，学校教育研究“不像自然科学，是对人的外界物体之研究，以说明‘它’是什么为直接任务；也不像精神科学，是对人的主观世界状态的研究，以说明主体‘我’之状态、变化、性质以及为什么会如此等为直接任务”，教育研究“是一种既要说明是什么，又要解释为什么，还要讲出如何做的研究”。教育研究的主体不仅研究、说明和理解对象，而且直接创造对象[①]。课题承担者不是单纯意义上的研究者，还是推动实践发展的直接力量。而学校教育实践的综合性、复杂性和生成性，又使研究只能在行动过程中进行，一边探索，一边试验，一边完善。因此，教育科研的绩效呈现着创生性、非规定性、不可复制性等生命过程的特征。在课题方案的实施中，关注动态生成过程；在推动教育实践发展的过程中，关注研究参与者的真实成长状态，成为教育科研“绩效”指标中的重要构成。本书作者根据基础教育科研的目标价值指向和学科特征，作出如下界说：

基础教育的科研绩效管理是根据科研管理组织设定的目标，通过有效的、持续的、开放的交流与沟通，科研过程的调控与反馈，形成科研管理机构目标所预期的效益，并推动学术团队和团队成员做出有利于目标达成的行为。

从外延上来说，基础教育的科研绩效管理是科研管理组织绩效的实现过程，是动态地改进公共服务效果的一种管理方式。科研管理组织以整体的目标和结果为导向，通过过程的跟踪与调控、行为的改进和结果的评价等系统的过程管理，明确科研组织管理的职责和任务，强化科研管理组织内部的激励机制，激发研

① 叶澜. 教育研究方法论初探［M］. 上海：上海教育出版社，1999. 326，338.

究团队和成员的工作热情与工作潜能，优化科研管理组织的人力资源配置，实现管理组织与学术团队、成员的预期目标，促进管理工作和管理方法的改进，提升学术团队和成员的研究水平与研究能力，提高科研项目的研究质量，推动学术团队和成员的持续发展。

绩效不仅关注目标、结果，而且关注过程，关注达成科研课题目标所建立的机制、研究团队和成员所获得的发展。

“绩效管理”理念的引入，主要是为了解决通常所说的“加强管理”，把申报制度、验收制度等做规范的问题。基础教育科研绩效管理概念的科学界定，超越了以往简单地移用工程验收评估或一般理论研究中只看论文发表数量和档次的做法，使基层的教育科研管理更符合中小学实践性研究的价值要求。它不仅使学校教育科研更有针对性、规范性和科学性，而且在通过加强过程管理实现质量保障的同时，关注了人的成长。在这个特定的语境中，管理更突出了“指导”和“服务”的意义。区域的科研绩效管理，便成为一项公共服务，“区域科研管理组织的使命是为学校的教育教学服务”。通过管理办法、发展规划、评价体系和学术团队的建设，构建区域教育科研绩效管理的评价体系；并通过发展目标—管理计划—绩效实施—过程监控—成果评价—反馈沟通—改进导入—确立范式的管理过程，对选题确定、计划拟制、立项申报、理论组织、实施方案的设计、技术和方法的调用、过程的执行、成果的表达、鉴定结题、成果转化等一系列关键性技术和注意要点，编制出制度办法和说明，导引课题承担者理性、规范地走完一个教育研究的完整过程。这本书在阐述基础教育科研绩效管理的体系、流程、评价、现代管理技术的建立和应用等具体实操性环节中，大量链接了相关案例、文件，为研究和管理的各个环节提供了具体详尽的制度、方法和标准的参照。这些材料都曾经过该区域实践检验，修订完善，虽然未必是完美的，也不赞成做教条主义的简单移用，但对普遍的基层一线教师开展教育科研、承担项目，则无疑是非常到位的指导。管理由此成为很到位的服务，课题沿着这样的路径走的过程，也就成了很到位的培训过程。因而，这又回归到基础教育学校科研的价值原旨上，促进教育教学工作的改善和教师专业素养的发展。本书作者的这一成果为基础教育科研管理和技术培训提供可借鉴的操作范式。

目前，在社会科学研究中，特别是基础教育科学研究中，科研绩效管理方式和管理文化的研究还处于探索的阶段，这本书从多维的视角为基础教育科研绩效管理建立宽厚的基础理论支撑，通过扎实缜密的实践打磨，构建起相对完整的体系。这是一本理论视野宽阔而工具性又很强的书，以其所倡导的文化与方法指导区域内基础教育团队和个人的教育实践研究，相信会收获质量水平更高的科研绩效。这又是一本对基础教育实践研究很有典范意义的书，其理论方法和实施范式对于一般学校承担课题、开展科研本身就是很好的范例。

熊少严

2012 年 10 月 17 日

目录

第一章 绪论

随着经济全球化和信息时代的到来，世界各国都面临着越来越激烈的竞争。为了增强自己的竞争力和适应能力，各行各业都在努力探索提高组织效率和效益的有效途径，于是绩效管理就成为了当代组织变革的主要趋势。

第一节 研究背景

近年来，随着新课程改革的不断深入，基础教育科学研究的重心也由大学、科研院所下移到基层学校，参与对象也由专家扩展到学校教师，形成了在专家引领下，学校有关各方和教师共同解决新课程中出现的教育教学问题的科研新格局。这一科研新格局，在引领学校有关各方和教师在研究中发展、在研究中成长等方面发挥了重要作用。但由于基层学校在科研管理和研究力量方面与高校和研究机构有一定的差距，因此在这些方面存在着这样或那样的问题。鉴于此，我们以广州市越秀区 101 所学校在“十五”期间教育科研的发展情况为例，进行了广泛的调查，共发出问卷101份，回收问卷101份。问卷涉及课题立项的级别和课题成果的获奖级别两方面，反映了越秀区在“十五”期间教育科研的基本发展概况。

一、课题立项与研究情况

（一）区域重点科研课题立项与研究情况

“十五”期间，越秀区结合基础教育课程改革的需要，以信息化发展为切入点，以区域重点课题为纽带，带动区域教育的发展，其课题立项与研究情况见表1－1。

表1－1 “十五”期间越秀区区域重点科研课题立项及研究情况

课题名称	立项单位	完成情况
基础教育跨越式实验研究	北京师范大学总课题组	已结题
区域教育发展特色研究及特色示范区创建	中央教科所总课题组	已结题
教育信息资源的有效整合	广东省电教馆	已结题

从表1－1可见，“十五”期间，越秀区区域重点课题的立项级别较低，大多是子课题，没有自己独立立项的高级别课题。但越秀区以这些子课题为纽带带动了区域教育的发展，形成了信息化区域教育特色，被教育部和广东省教育厅认定为“全国区域教育发展特色示范区”、“教育管理信息化标准应用示范区”和“广东省信息化示范区”。重点课题的引领在区域教育特色发展方面

起到了一定的促进作用。

（二）全国和广东省教育科学“十五”规划课题立项与研究情况

“十五”期间，越秀区立项的全国教育科学规划课题和广东省教育科学规划课题总计4项，其课题立项与研究情况见表1－2。

表1－2 全国和广东省教育科学“十五”规划课题立项与研究情况

课题名称	单位	立项单位	完成情况
“四合一”主体教学模式	广州市第七中学	全国教育科学规划办	已结题
构建具岭南特色的以学生为主题的元认知训练模式研究	广州市育才中学	广东省教育科学规划办	已结题
“三体”教育模式	广州市第七中学	广东省教育科学规划办	在研
高中新课程教学管理与评价研究	广州市第三中学	广东省教育科学规划办	在研

从表1－2可见，“十五”期间，越秀区以自主研究能力立项的全国教育科学规划课题和广东省教育科学规划课题多集中于省一级学校，其研究内容涉及教育教学模式、思维训练和课程管理，这些研究对促进品牌学校的建设和学校教育教学管理与教学质量的提升具有一定的推动作用。但结题率不高，体现了科研管理工作的不规范。

（三）广州市教育科学“十五”规划课题立项与研究情况

“十五”期间，越秀区的广州市教育科学“十五”规划课题先后于2002年、2004年、2005年分三批立项。其中，重点课题1项，面上课题26项，“百千万”专项课题14项，课题总计41项。在这批立项课题中，中学占21项，小学占8项，幼儿园占2项。这些立项主要涉及学习方式、学习效能、教学方式、校本培训、教学资源、有效教学、教学管理、品牌建设、特殊教育、学校制度改革、课程建设等研究内容，运用了实验、案例、综合研究等多种教育科研方法，体现了学校的自主研究能力和研究特色，反映了学校的教育教学实践和教育教学研究特色，推动了学校教育科研的发展，促进了教师的专业发展。但其运用的研究方法不科学和科研管理不规范，导致其研究成果的质量不高，有13项立项课题申请终止研究，10项立项课题申请延期结题。

（四）区域科技项目立项与研究情况

“十五”期间，越秀区立项科技项目课题总计29项，资助资金共计168万元，但没有一个课题结题。这进一步体现了区域科研管理工作的不规范。

二、研究成果获奖情况

“十五”期间，越秀区获得了由广东省教育厅授予的广东省教学成果奖共计6项，广东省教学管理吴汉良奖3项，广东省中小学教育创新成果奖3项，广州市教学成果奖10项。另外，还获得了由广东省教育学会及其下属的各学科专业委员会授予的优秀教学科研成果奖共计131项，并在中文期刊上公开发表相关学术论文50余篇。

从这些研究成果的获奖情况可知，获社会团体和事业单位颁发的奖项比较多，获教育行政部门颁发的教学成果奖则较少。这些成果在一定程度上发挥了教育科研对新课程改革的推动作用，有力地促进了教师的专业知识及技能的发展，但也反映了区域整体研究水平有待提高这一现实情况。

通过对越秀区“十五”期间教育科研开展情况的调查，我们认为区域科研管理不规范的原因主要体现在以下四个方面：

第一，认识不到位，影响学校与教师的发展。由于教育科研投入大、耗时长、费精力、见效慢，承担课题的学校领导缺乏提高教育教学质量的长远眼光和计划，普遍认为科研与教研是两张皮，科研不能促进教育教学质量的提高，因此教育科研积极性不高，使得学校的发展没有走上“科研兴校”之路。同时，多数教师被繁重的教学任务所束缚，几乎没有时间和精力看书、学习，看不清教育科研在教育发展中的作用，不能自觉探索和运用先进的教学方法、经验，使得个人的专业发展没有走“科研兴教”之路。

第二，管理不够规范，制度尚未健全。由于缺乏规范的教育科研管理制度，对课题研究工作的指导、督促力度不够，课题研究工作还存在一定程度的随意性和盲目性，出现想到哪做到哪、完全没有计划性的情况。加上学校教育科研工作缺乏有效的组织与管理，没有明确的教育科研工作职责与目标，兼职人员不足，使科研管理比较混乱。

第三，实效性不明显，研究与教学脱节。由于教师缺乏对课题的科学性、计划性、系统性的思考，缺乏对教育教学内在因果关系的思考和研究，使研究停留在“怎么做”的阶段，对“为什么这样做”和“这样做的效果如何”则不太明白，使研究与教学脱节，无法对教学质量的提高产生促进作用。

第四，教育科研队伍薄弱，成果的质量不高。由于县（区）级教育科研部门专职工作人员较少，未能满足教育科研管理与研究日益增长的需要。加上学校长期重视教学，忽视对教育科研队伍的培养，使教育科研队伍力量薄弱，教师缺乏教育科研的相关理论知识，使教师未能规范地、科学地进行教育科研，这在一定程度上影响了教育科研成果质量的提升。

综上所述，虽然基层学校参与课题积极性高，科研氛围较浓，承担或参与了各级各类规划科研课题或社团科研课题的研究，但许多科研课题的开题、实施、指导、结题、验收等过程管理未落实，出现研究目的不明确、想到哪做到哪、临时突击、为研究而研究等现象，导致科研过程不真实、过程监控不到位，使课题研究不能真正地为教学服务，不能切实地解决教育教学中的问题，不能真正地为促进教师和学校的发展服务，这将不利于提升科研成果的价值，不利于良好学术研究氛围的形成。因此，将处于起步阶段的科学研究绩效管理引入区域教育科研管理，成为提高区域教育科研管理效率和效益的关键。

第二节　国内外研究综述

绩效管理是在20世纪70年代后期由西方学者在对人力资源管理理论和实践的研究基础上提出来的，而将绩效管理纳入科学研究的管理中，则始于20世纪90年代。目前，科研绩效管理已经成为世界各国科研组织管理中的一个热点。与本课题相关的研究成果主要集中在三个方面：一是绩效管理动因的相关研究；二是绩效管理体制的相关研究；三是绩效管理评价的相关研究。

一、绩效管理动因的相关研究

第二次世界大战结束后，科学技术越来越被视为促进经济繁荣、提高人民生活水平、增强国家综合国力的重要因素。随着西方许多国家对科学研究的投入不断加大，公众对投资回报的期望值也日益增高。公众对科学的认同与期待使科学界和政府面临着共同的压力：公众要求科学界说明公共资金到底花在了哪里；公共资金资助的科学研究与解决公众所关心的问题间有何关联。[①] 对于政府则要求其对科研投入的预算进行严格管理，并以强有力的手段对科学研究的过程与结果进行绩效评估，以提高研究的质

① David Demeritt. The New Social Contract for Science：Accountability，Relevance，and Value in UK Science and Research Policy［J］. *Antipode*，2000，32（3）：pp. 308－329.

量、效益和效率。[①] 政府试图通过科研评估使其资助的科研成果得以彰显并让公众了解，同时提高决策与科研管理水平。

美国是世界科学研究领域的“超级大国”，其研究领域和政府资助在世界各国中都处于领先地位。自20世纪60年代以来，美国联邦政府为了回应公众与国会对其改进管理水平的要求，几乎每位总统都在其任职期间出台了相应的改革措施，从20世纪60年代中期实行的“规划—计划—预算制”到尼克松执政期的目标管理，再到卡特时代的零基预算以及里根和老布什政府的全面质量管理，直到克林顿政府时期的《政府绩效与结果法案》（GPRA）。虽然每一任政府推出的改革措施各不相同，但构成这些措施的基本要素则是相似的，其内在目的也大体一致，即提高公共管理的效率与效益。[②] 与政府以往的改革措施相比，GPRA最大的特点在于它以政府立法的形式引入了一种全新的管理概念与制度——绩效评估，使它与以往的改革相比具有更大的权威性、持续性和强制性。

法国是一个具有辉煌的科学发展历史的国家，在18世纪后期和19世纪中期一直处于世界科学的中心，其后它的中心地位逐渐被德国取代。进入20世纪80年代，法国政府面对全球新技术革命的浪潮，制定了“发展科技、振兴法国”的方针。国会也先后于1982年和1985年两次制定和颁布了《科技规划和指导法》，以法律的形式，从中央集权管理的角度确立科学技术在国民经济和社会发展中的优先地位。在《科技规划和指导法》中，

---

① J. A. D. Holbrook. Why Measure Science? [J]. *Science and Public*, 1992, 19 (5).

② Susan E. Cozzens. The U. S. Research Assessment: Recent Developments [J]. *Scientometrics*, 1995 (6): p. 343, pp. 351 – 362.

对科研绩效管理与评估作出了明确的规定，如研究绩效和质量的评估取决于对研究人员、课题组、项目计划与成果的定期评估程序的制定。①

日本政府在“二战”以后，为了缩小与欧美国家在工业技术方面的差距，制定了适合本国国情的科技发展战略，由企业充当发展科学技术的主体，形成了以民间企业为主，大学、政府研究机构为辅的科技体制。20 世纪 90 年代，日本连续颁布了《科学技术基本法》、《科学技术基本计划》和《国家研究开发评估指南》等法律法规，从法律的层面保证了科学技术绩效管理与评估的制度化、规范化。②

在中国，20 世纪 90 年代以来，随着“科教兴国”战略的确立，国家通过多种途径加大对基础研究的支持力度，并出台了一系列支持创新的政策措施。2001 年 3 月，科学技术部、教育部、中国科学院、中国工程院和国家自然科学基金委员会联合发布《关于加强基础研究工作的若干意见》③。2003 年 5 月，科学技术部、教育部、中国科学院、中国工程院和国家自然科学基金委员会联合制定出《关于改进科学技术评价工作的决定》。2003 年 9 月，科技部又出台了《科学技术评价办法（试行）》。这些文件和政策，从法律层面保证了科学技术绩效管理与评估的制度化、规范化。

综上所述，我们可以看出，科研绩效管理不仅是政府内部管

① 佘诗刚. 法国科技评估体系与动作模式［J］. 科技政策与发展战略，2002（5）.

② 赵学文，龚旭. 科学研究绩效评估的理论与实践［M］. 北京：高等教育出版社，2007. 186.

③ 国家科学技术部等. 关于加强基础研究工作的若干意见.

理系统自我完善的体现，也是政府对来自包括公众在内的外界要求减小财政赤字、提高公共资金使用效能的压力的回应，同时还是向公众阐明科学研究的理由与结果。

二、绩效管理体制的相关研究

一个国家科研绩效管理的情况与其相应的科研体制密切相关。因此，要了解一个国家的科研绩效管理就必须要了解其科研体制。

美国的科研体制呈分散和多元的特点，其主要表现在科研投资渠道多元化、管理机构分散化和研究机构的多样化。具体而言，一是从投资渠道看，《2004 年科学与工程指标》显示，美国 R&D 投资的主要部门有产业界、政府和非营利性组织。① 二是从研究机构看，在美国从事科研的机构有大学和学院、联邦机构、联邦资助的 R&D 中心（FFRDCs）、企业及非营利性组织等。三是从美国联邦政府的科研管理机构看，其管理体制是分散的，如以支持应用研究为导向的机构有国家宇航局、国防部、能源部和农业部等；以支持基础研究为主的机构有国立卫生研究院和国家科学基金会。②

英国的科研体制呈多元化的特点。英国政府主要管辖科技研究与开发的管理机构有国防部、卫生部、贸工部等，其中贸工部

---

① National Science Foundation. Science and Engineering Indicators 2004. National Science Board, 2004.

② 赵学文，龚旭. 科学研究绩效评估的理论与实践［M］. 北京：高等教育出版社，2007. 112.

主要负责政府整体宏观科技政策与管理。归属贸工部的科学技术办公室是政府主要的宏观科技管理机构，由英国首相直接任命的政府首席科学顾问负责。同时，英国高等教育的科研经费主要由高等教育基金会负责管理。①

法国的科研体制呈中央集权的特点。由于法国是一个具有中央集权传统的国家，政府对科研的干预程度较高，其研究与新技术部是法国政府的主要科研管理部门。它的职责主要是制定研究与发展政策、战略，确定科研优先领域，协调全国的研究与发展活动，接收所有民用研究与发展预算申请，并与政府财政部门协调制定民用研究与发展预算方案。法国的民用科研系统主要由公共研究机构、高等学校和企业的研发机构三部分组成。根据国家经济发展的需要，政府不断建立和完善包括基础研究、应用研究和开发全过程的各类公共研究机构在内的，一支庞大的、实力雄厚的国立研究队伍，这在西方发达国家里是独一无二的。②

日本的科研体制呈开放性的特点。在日本，由企业充当发展科学技术的主体，形成了以民间企业为主，大学、政府研究机构为辅的科技体制。20 世纪 60 年代初，日本建立了比较完善的科技审议会制度。审议会是一种合议制咨询组织，众多的审议机构形成了日本独具特色的政府咨询审议组织体系。它的设立对政府制定科技政策、战略规划及发展方向具有较大的影响。③

---

① 赵学文，龚旭．科学研究绩效评估的理论与实践［M］．北京：高等教育出版社，2007. 147.

② 赵学文，龚旭．科学研究绩效评估的理论与实践［M］．北京：高等教育出版社，2007. 148.

③ 赵学文，龚旭．科学研究绩效评估的理论与实践［M］．北京：高等教育出版社，2007. 182.

20世纪初，中国的科研体制呈多元化的特点，形成了以各种专业委员会和科学团体为代表的共同体制。20世纪50年代至70年代，由于中国处于计划经济体制下，其科研体制呈“国家化”的特点，形成了以中国科学院为“中心”的模式，中科院承担了国家对行政与学术进行双重管理的职责。20世纪80年代以来，由于中国处于经济体制改革阶段，科研体制随之也呈现多元化的特点。从存在形式上看，公共机构与私营机构并存；从组织关系上看，不仅存在隶属于政府的科研组织，也出现大批属于企业的科研组织。同时，市场经济环境决定了科技组织所面向的服务对象是多样的。[①]

综上所述，我们可以看出，科研绩效管理不仅是一种过程管理，而且是提高科研质量的一种手段。各国可以通过有效的科研绩效管理体制，为科研活动的健康、持续发展提供制度化保障，使科研管理更加科学与规范，有力地推动了科研活动的蓬勃发展。但在不同的体制下，科研绩效管理的方式也是不同的。

三、绩效管理评价的相关研究

科研绩效评价是科研绩效管理的重要一环。各国的政治经济体制、文化特点和科学传统不同，其科研绩效管理评价的方式也是各不相同的。

由于美国是一个崇尚市场经济和公民自由的社会，科学界

---

① 赵学文，龚旭．科学研究绩效评估的理论与实践［M］．北京：高等教育出版社，2007. 207—213.

（或科学共同体）在这种社会文化影响下也具有很强的自主意识。因此，美国联邦机构开展的科学研究绩效评价主要包括产出评价、结果评价、科学价值评价、经济价值评价和政策评价等。如联邦机构对科研计划开展的绩效评价按内容和方式可分为：第一，总结性评价，即该计划是否能够继续下去；第二，投资回报评价，即该计划的收益—成本情况如何；第三，过程评价，即该计划的结果和影响是如何得到认识的；第四，同行评价，即该计划成本是否产生了与广为接受的科学质量标准相一致的研究结果；第五，绩效评价，即从该计划获得的可测度的产出是什么。①

英国的贸工部于 1980 年在其研究与技术政策司下成立了研究与技术评估小组。该小组于 20 世纪 80 年代在贸工部和财政部对工业资助的联合评估中导致 ROAME（Rationale，Objectives，Appraisal，Monitoring and Evaluation）即包括理论依据、目标、鉴定、监控和评价要素的绩效管理评价框架的出台。ROAME 要求所有的科技政策和项目申请报告必须通过对提交研究计划申请和评价受资助计划的标准格式的约定，这样既有利于申请人从上述五个方面考虑如何提出申请计划，亦有利于评价人员对照这五个方面的内容在计划执行期间或计划完成后衡量计划执行的实施情况和成功程度。而且，绩效评价的指标体系的设计通常涉及产出指标、影响指标、质量指标和效用指标。如政府资助的基础研究成果评价指标主要包括科学活动的规模、人员培养、出版物、文

① David Roessner 于 2002 年 2 月 17 日在美国科学促进会上提交的年会论文 *Outcome Measurement in the United States：State of the Art*，参见 http：//www. prismgateach. edu/ – sc149/reseval/boston. pdf.

献引用、出版物的质量与影响、同行评议、获奖等。①

在法国的科学研究评价体系中，政府发挥着主导作用，形成了一个从上到下、从宏观到微观的对国家科技政策、科技战略与规划、科技投入、科研机构和科技人员进行评价的完整体系。其主要包括国会、政府和科研机构的内部评价系统三个层次，评价机构按照卓越性、合理性和效能性三个指标来进行评价。②

在日本，科研绩效评价推动科技改革。在课题方面，对课题进行中期评价和结题评价，并将评价结果反馈到经费的分配和使用上；在研究机构方面，根据机构设置的目的和研究目标、机构的运行、研究开发的实施情况等进行评价；在机构的研究开发方面，根据其实施的研究开发课题进行评价，并对下属研究人员的业绩进行评价。同时，还将评价结果反映到课题的继续、扩大、缩减和终止等资源的分配及研究人员的待遇上。③

在中国，20 世纪 90 年代以来，随着“科教兴国”战略的确立，形成了一套以“投入—产出”为概念的绩效评价体系，其运作方式主要表现为对科研活动的过程及其成果进行全面的评价，并依据评价结果将科研机构进行等级定位，按其等级进行资源再分配。其评价方式主要是同行评价，并将科学奖励引入评价中，从而使获奖的等级和数量成为判断一个单位科研能力的重要指标。同时，各级科研管理部门也将科学论文作为评价的重要因

---

① 赵学文，龚旭．科学研究绩效评估的理论与实践［M］．北京：高等教育出版社，2007. 138.

② 夏源编译．法国公共研究机构评价的标准和指标［J］．科技动态监测快报，2004（13）：1—4.

③ http：//www8. cao. go. jp/cst/kihonkeikaku/honbun. html.

素。如各级科研管理部门在成果管理方面将“SCI”作为评价研究水平和判断其学术价值的重要指标。但由于“SCI”指标对科学评价供给的不足，许多单位开始将“核心期刊”和“中文期刊”的概念引入科研绩效管理体系中。

综上所述，我们可以看出：第一，从历史发展角度，科研绩效管理大致经历了三个阶段。一是科学共同体内部自主开展评价的阶段；二是由科研组织自发开展以管理和决策为目的的评价阶段；三是主要发达国家在政府层面将科研评价法制化的阶段。第二，从管理的角度看，各国一直重视将科研绩效管理作为机构与人员管理、制订计划和实施计划过程中的一项重要内容，使绩效管理日渐成为政府资源分配和研究管理的手段和工具，并形成了一套完善的绩效评估系统，为各国的科学发展指明了方向。第三，各国的科研绩效管理大多面向大学、科研院所和企业，而面向基础教育的机构几乎没有，特别是基础教育阶段科研绩效管理的方式和管理文化的研究尚处于开始探索的阶段。

在我国，科学研究绩效管理则处于起步阶段。但随着科技体制改革的逐步深入和国际上科学研究绩效管理活动的广泛开展，科学界和科研管理部门也对科学研究的绩效管理给予了普遍关注，特别是近年来我国学者对科学研究的绩效管理进行了广泛的理论和方法探索，并取得了一些成果。如国家自然科学基金委员会对其资助的项目体系和人才体系进行绩效管理，并从宏观和微观层面上对其资助的面上项目、重点项目和重大项目及人才培养的绩效形成了一套行之有效的评估体系，这对我国自然科学研究的发展起到了促进作用。但在社会科学研究中，特别是基础教育科学研究中，科研绩效管理则处于起步阶段。

第三节　意义与价值

本课题以人力资源管理中的绩效管理理论为依据，结合区域教育科研管理中存在的问题，将科学研究绩效管理引入区域教育科研管理中，探索一种区域教育科研管理的新方法，使区域教育科研管理在有效的科研政策和管理办法的引导下，有发展性的规划和落实工作的计划，有明确的区域科研重点和主攻方向，有创新能力的学术研究团队，有互动的学术交流与合作，有学习型的研究文化，有完整的过程监控和反馈调控，有成果的绩效评价标准和推广与应用，从而提高区域教育科研的绩效，开发和挖掘学校研究团队和教师的研究潜能，形成以绩效为导向的科研文化，实现区域教育科研的持续、特色和高位发展。具体来说，本课题有以下七大意义：

第一，科研绩效管理研究为区域教育科研管理提供操作典范。目前，区域科研管理处于比较混乱和不规范的阶段，科研绩效管理可以理清区域科研管理的思路和方法，使区域科研管理走上科学与规范的道路。

第二，科研绩效管理可以促进管理质量的提高。目前，科研质量已成为基础教育科研管理的一个热点，而一个设计科学的绩效管理的过程就是一个追求质量的过程。

第三，科研绩效管理有助于组织结构的调整与变化。目前，科研管理的组织结构一般是区域—学校—课题三级，实施科研绩效管理可以减少管理层级，直接从区域管理到课题组管理，改变管理的风格，提高科研团队的研究效率和效益。

第四，科研绩效管理有助于节约管理者的时间成本。科研绩效管理可以使管理人员明确自己的工作目标和工作任务，知道要做什么工作，可以做什么决策，工作要做到什么程度，什么时候需要领导的指导，并通过信息化管理平台，实现管理目标，完成管理任务。

第五，科研绩效管理有助于避免矛盾和冲突。由于科研绩效管理是一种帮助课题组完成研究任务、达到预期研究目标的管理过程，而实现这一管理过程则是课题组和管理人员的共同愿景。因此，通过科研绩效管理可以及时发现课题研究中的问题，及时指导课题组调整研究方向和改变研究方法，避免与课题组发生矛盾，减少课题组与管理人员之间的工作目标冲突。同时，也可以充分发挥管理人员和课题组成员的智慧和潜力，使他们对自己的工作目标和研究目标更加明确。

第六，科研绩效管理可以促进科研团队的专业发展。通过绩效管理，可以使科研团队对自己的研究目标确定效标，了解自己的研究工作要达到什么程度，取得一定的绩效后可以获得哪一等级的成果奖励。由此可以促使研究团队努力提高自己专业发展的期望值，努力学习新的教育教学理论和方法，努力提高研究团队成员的研究能力，以取得理想的绩效，从而更好地促进研究团队成员的专业发展。

第七，科研绩效管理可以营造开放的研究文化。通过科研绩效管理，可以从整体上引导区域科学研究的发展方向、发展方式，塑造教育研究人员的价值观念，建立充分发挥研究人员创造能力的开放、灵活和竞争的研究文化。

第四节　主要思路、方法和创新点

一、研究思路

本研究的基本思路是：第一，对国内外区域科研绩效管理的文献资料进行收集与分析，找出研究的切入点；第二，为提高区域基础教育科研管理质量，对区域科研绩效管理进行理论研究，界定区域科研绩效管理的内涵、特征、原则，理清区域科研绩效管理的构成要素与关系；第三，以广州市越秀区为研究范例，对区域科研绩效管理的体系进行理论与案例研究，寻求区域科研绩效管理的实现途径和操作方式，为广州市基础教育科研管理提供可借鉴的操作范式；第四，以广州市越秀区为研究范例，对区域科研绩效管理平台进行建设与开发，使区域基础教育科研管理从纸质化迈向信息化，提高区域科研管理的效率和效益；第五，以广州市越秀区为研究范例，进行区域科研绩效管理的评价，并提出深化区域科研绩效管理的对策。

总体来说，本研究旨在以科研绩效管理为导向，以各级各类立项课题为基础，以区域基础教育科研为渠道，以促进区域基础教育科研的持续、特色和高位发展为目标，以区域基础教育科研管理方法为逻辑起点，通过管理办法、发展规划、评价体系、管理方法和学术团队的建设，构建区域教育科研绩效管理的评价体系，并通过发展目标—管理计划—绩效实施—过程监控—成果评价—反馈沟通—改进导入—确立范式的管理过程，在行动中寻求理论与实践的突破，提高区域教育科研的质量，促进区域教育科研的持续、特色和高位发展。

二、技术路线和研究方法

本研究以充分重视区域教育科研和绩效管理作为课题实践的特性，分别采用文献研究法、调查研究法、工作日记法、工作实践法、个案分析法、比较法、目标结果法和数据分析法，探寻区域基础教育科研绩效管理的体系。首先，在准备阶段通过文献分析、调查研究的方法，确定区域教育科研绩效管理的办法、区域教育科研发展规划和主攻方向及评价体系，为本课题研究提供导向；选取若干立项课题作为个案，进行跟踪研究。其次，在实施阶段通过工作日记法、工作实践法、个案分析法、比较法、目标结果法和数据分析法，将区域基础教育科研绩效管理办法和评价体系运用到区域基础教育科研管理和立项课题的项目管理中，探寻区域基础教育科研绩效管理的方法和学术人才培养的途径，并在研究中调整管理方法和评价体系。最后，在总结阶段对课题进行总结、反思，形成区域基础教育科研绩效管理的操作方法和评价体系及研究范式。

三、研究创新点

绩效管理是区域基础教育科研管理的一个热点问题。为了探索广州市各城区基础教育科研管理的体系与方法，提高区域基础教育科研管理质量与水平，本研究的创新点主要表现在以下三个方面：

一是理论创新点。本书界定了涉及科研绩效管理的内涵、特点、原则，理清了区域科研绩效管理的构成要素与它们之间的相互关系，形成了区域科研绩效管理的评价体系。

二是实践创新点。第一，建立了区域科研绩效管理平台，实现了科研管理的信息化。第二，建立了以越秀区为特色、适合广州市不同区域的科研管理的体系和方法，为提高区域科研管理的质量和效率奠定了基础。

三是团队培养创新点。以立项课题为载体，通过各层级立项课题研究，开发和挖掘课题研究学术团队的智慧与潜能，促进学习型组织文化的建设和科研学术团队的成长。

第二章　区域基础教育科研绩效管理的基本理论

绩效是基础教育科研管理中亟待解决的问题。要了解区域基础教育科研管理中的问题，首先就要了解区域基础教育科研绩效管理的理论基础、内涵、特点及遵循的原则。

第一节　基础教育科研绩效管理的理论依据

理论依据是研究的基石和方向。基础教育科研绩效管理的理论依据是什么？这是研究基础教育科研绩效管理的基础。通过对相关文献资料的分析，我们认为本研究的理论依据是人力资源管理理论、全面质量管理理论和激励理论。

一、人力资源管理理论的产生和基本内容

（一）人力资源管理理论的产生

人力资源管理理论产生的时间并不长，但与之相关的实践则

古已用之，其形成与发展的历程，大致可分为以下几个阶段：

1. 原始管理阶段

在古埃及，值得称道的管理实例是金字塔式的管理机构，其建立在法老至上的基础上的管理体制与金字塔建筑一起流传至今。在古巴比伦时代，在汉谟拉比的统治下，建立起了强大的中央集权国家，并编纂了《汉谟拉比法典》，提出了一个类似最低工资制的报酬发放计划，这一计划被视为最早的激励雏形。在古印度，为了保证有足够技能合格的劳动者，组织手工艺者手把手地传授工艺，它可作为最早的技能培训。到 13 世纪，西方的手工业行会建立，组织师傅传帮带，并对手工行业员工的条件作出规定。这一时期，人事管理活动还没有从生产管理中分离出来，也没有专门的人事管理者。

2. 古典管理阶段

18 世纪中后期，在以蒸汽机为代表的第一次工业革命的推动下，人逐步成为机器的主宰，推动了生产的高速发展。由于生产力的快速发展，出现了劳动的专业化分工，这对劳动生产中员工的管理和培训提出了更高的要求。因此，人事管理活动从生产管理中分离出来，出现了专门的人事管理者。而这些专门的人事管理则成为现代人事管理的开端。

在这一时期，通过大规模地开办学校，组织与生产发展相适应的大量专业人才的培养。如英国国会在 1870 年通过了改善国民教育的法案，并开办学校；1830 年至 1848 年，法国在校学生人数增加一倍；19 世纪初，俄国颁布两条法令，扩大入学者的范围，允许自由阶层子弟入学。

这一时期，著名的空想社会主义者罗伯特·欧文（Robert

Owen）于1799年在苏格兰建立了一家棉纺厂，创建了最早的工作绩效评价体系：他把一个木块的四面分别涂成白、黄、蓝、黑四种颜色，其中白色代表优秀，黄色代表良好，蓝色代表平均水平，黑色代表差。以此及时向员工提供工作业绩的反馈信息，取得了很好的效果。为此，欧文被誉为“人事管理的先驱”。①

3. 科学管理阶段

在19世纪末和20世纪初，欧洲发生了第二次工业革命，导致了劳动专业化水平和生产率的提高，以及与之相适应的技术进步的加快，并不断促使人事管理方式发生变革。

这一时期，弗雷德里克·温斯洛·泰勒（Frederick Winslow Taylor）的科学管理思想导致了现代人事管理理论与实践的一次变革。泰勒主张：第一，通过工时研究，制定工作定额；第二，制定标准的工作程序，对工人进行培训，培养“一流工人”；第三，改进生产工具，以提高劳动效率；第四，实施“差别付酬制”，从而鼓励工人多生产；第五，实行计划与执行职能的分离，管理人员负责计划，工人负责执行。泰勒的思想推动人事管理向科学化的方向迈进了一大步，其中许多管理的技术和方法至今仍在应用。但由于其管理思想强调将人作为机器来加以控制，对人的管理强调监督性和强制性，容易导致员工不满情绪的产生，对员工的激励效果不理想。②

4. 人群关系与行为科学阶段

在1924年至1932年，哈佛大学心理学教授乔治·埃尔顿·

① 郭继东. 学校人力资源管理［M］. 兰州：甘肃文化出版社，2005. 12.
② 郭继东. 学校人力资源管理［M］. 兰州：甘肃文化出版社，2005. 13.

梅奥（George Elton Mayo）进行了霍桑实验，提出了与科学管理理论相对立的人群关系理论。科学管理理论规定操作方案、标准，严格管理，强调“以事为中心”，认为企业是一个技术经济系统。而人群关系理论则重视人的感情因素，偏重“以人为中心”，认为企业是个社会系统。在研究中，梅奥等人发现：员工的生产力在相当程度上受到情感与态度因素的影响，而员工的情感与态度又受到工作环境的强烈影响，其中包括群体环境、领导风格和管理者的支持等。梅奥的这些观点集中在1932年出版的《工业文明的人类问题》、《工业文明的社会问题》等书中。

这一时期，梅奥等人的人群关系管理思想为行为科学的产生奠定了基础。其理论中的主管培训、对员工的关心与支持、增强员工与管理者之间的沟通等方法被大量采用，使人事管理人员开始设计与实施旨在改进组织内部人群关系的项目，它拓展了人事管理的职能，使人事管理更趋人性化。但由于该理论仅停留于对员工的行为进行简单的分析，对员工工作中的个性特点、群体氛围和组织结构等没有进行分析，因此，美国的“人群行为研究基金会”于1953年举行的教授讨论会上首次提出了“行为科学”的概念，从人群关系学说重在维护良好的人际关系升华到对组织的人群行为的科学分析，重视人力资源的开发和利用。

5. 现代人力资源管理阶段

在后工业化社会，员工素质和需求发生了重要变化，有较高素质和技能的员工在组织中大量出现，这使得经济需求不再是员工唯一的需求，员工开始要求在组织中的地位受到重视。这一变化和需求，要求人事管理向人力资源管理转变。

1954年，彼得·德努克（Peter Drucker）在《管理的实践》

一书中使用了“人力资源”一词，并认为它拥有其他资源所没有的素质。为此，德努克要求管理人员在设计工作时要考虑到人的精神和社会需求，要采取积极的行动来增进对员工的激励，为员工创造富有挑战性的工作，并对员工进行开发。同时，德努克指出：传统的人事管理正在成为过去，一场新的以人力资源开发为主调的人事革命正在到来。

到20世纪70年代，以事为中心的管理逐步转向了以人为中心的管理，以控制和约束为主的刚性管理逐步转向了以激励和引导为主的柔性管理，以极力使用为特征的压榨式管理逐步转向以使用和培养并重为特征的开发式管理，从而标志着人事管理逐步让位于人力资源管理，人力资源管理从此翻开了新篇章。

（二）人力资源管理理论的基本内容

对于人力资源管理理论的认识，学术界众说纷纭。美国学者罗纳德·舒勒（Ronald Schuler）认为：“人力资源管理由人力资源管理的哲学、政策、计划、实践和过程这几部分组成。”其内容具体如下：

第一，人力资源管理哲学。人力资源管理哲学是指组织如何看待它的人力资源和如何对待与管理人力资源的哲学。由于这种哲学都是原则性与指导性的，因此在实践中，组织必须把这些原则转化为具体的行动并指导实践。

第二，人力资源政策。人力资源政策是指组织为了开发具体的人力资源而制定的总体指导原则。它在组织内部具体表现为“工作章程”、“工作职责”或“人力资源手册”，它涉及组织内部所有人力资源的计划与实践活动。

第三，人力资源计划。人力资源计划是指组织根据发展需求的方向引导人力资源的活动从开始到结束都朝着组织设定的方向发展。它在组织内部具体表现为多种形式的组织变化活动。

第四，人力资源管理实践。人力资源管理实践是指组织充分发挥内部个体的每一个活动去支持组织的发展需求，它主要表现为“谁”在“做”什么、行为绩效如何。其作用具体体现为领导、管理和实践三个方面。其中，领导作用主要包括确定方向，联系员工，激励、促进员工发展和一些必要的改革；管理作用则主要包括内部的计划、组织、协调、控制等活动；实践作用就是传递服务和生产产品。

第五，人力资源管理过程。人力资源管理过程是指人力资源活动的确定、形成和实施，使员工的行为与组织的目标保持一致，从而促进组织与员工绩效提高的过程。其主要体现为组织内部各项活动在员工中的顺利实施。

（三）人力资源管理理论是科研绩效管理的理论基础

人力资源管理理论是通过“目标—管理—发展”的关系，从“人”的管理与经济学的“资本投资回报”的角度，将基础教育中的科研人员作为资源来进行投资与管理，并根据不同科研项目中不断变化的人力资源情况和投资收益率等信息，及时调整管理策略，从而获得长期的价值回报，来证明基础教育的科研经济值以及绩效对区域基础教育科研发展的动态促进作用。通过目标与管理的关系，说明了科研过程管理的重要性，反映了科研过程管理的水平。通过管理与发展的关系，创新了科研管理体系，提升了科研管理的效率与效益，促进了区域科研质量和科研人员水平的提升，满足了政府对科研投入的回报。因此，人力资源管理是一个人的发展问题，因为科研绩效管理的核心是通过制定政策与计划来引导管理过程中各项活动的顺利实施，促进科研人员的研究质量与研究水平的提升。因此可以说，人力资源管理理论是基础教育科研绩效管理的理论基础。

二、全面质量管理理论的产生和基本内容

（一）全面质量管理理论的产生

全面质量管理（Total Quality Management，TQM）是组织管理现代化、科学化的一项重要内容。它于20世纪60年代产生于美国，是由美国通用电器公司质量管理部的部长菲根堡姆（A. V. Feigenbaum）博士提出的，后来在西欧与日本逐渐得到推广与发展。其发展大致可以分为以下四个阶段：

1. 系统管理阶段

20世纪40年代以来，由贝塔朗菲创立的一般系统论和数学家维纳提出的控制论逐渐盛行。同时，随着科学技术与工业的发展，人们对质量的要求越来越高，它要求企业将质量作为一个“系统工程”来综合分析与研究，因此系统论进入管理领域，其代表人物是卡斯特、罗森茨韦克等人。1950年，戴明（W. E. Deming）博士在日本开展质量管理讲座，日本人从中学习到了这种全新的质量管理的思想和方法，并有所发展。1961年，菲根堡姆提出了以质量为中心，综合的、全面的管理理论和管理方式，并强调“将质量控制扩展到产品寿命循环的全过程，强调

全体员工都参与质量控制”。

2. 统计和计算机技术管理阶段

美国组织与运用全面质量管理，使其产品和服务质量得到了迅速提升，引起了世界各国的广泛关注，被称为“美国系统”。在日本，到1970年，质量管理已经逐步渗透到了全日本企业的基层。其中，最突出的是日本人强调从总经理、技术人员、管理人员到工人，全体人员都要参与质量管理。日本企业从质量管理中获得巨大收益，充分认识到了全面质量管理的好处，将质量管理当作一门科学来对待，如田口玄一提出了“田口质量理论”。日本在美国的基础上发展出了质量控制（Quality Control，QC），形成了具有日本特色的“日本系统”。随着统计技术和计算机技术的广泛应用，全面质量管理在这一阶段获得了新的发展，它对日本经济和世界其他各国经济的发展起到了极大的促进作用。

3. 标准化管理阶段

随着全面质量管理理念的普及，越来越多的企业开始采用这种管理方法。1986年，国际标准化组织ISO9000把全面质量管理的内容和要求进行了标准化，并于1987年3月正式颁布了ISO9000系列标准，即使用PDCA质量环运行模式，对原来的全面质量管理研究成果进行标准化管理。ISO9000标准质量体系是以标准为中心，将质量贯穿于质量形成的全过程，并成为世界各国共同遵守的准则，其目的是提高产品的质量，满足顾客的需求。

4. 经营管理阶段

随着质量管理思想和方法向更高层次发展，企业的生产管理和质量管理被逐渐提升到经营管理的层次。无论是学术界还是企业界，很多知名学者都提出了众多有关这个方面的观念和理论。如约瑟夫·朱兰出版的《朱兰质量手册》提出了质量管理三部曲，即质量策划、质量控制和质量改进；石川馨总结和发明了7种质量管理工具，并提出质量包括工作质量、部门质量、人的质量、体系质量、公司质量和方针质量的观点。从此，“质量管理是企业经营的生命线”这种观念逐渐被企业所接受。

（二）全面质量管理理论的基本内容

全面质量管理是一种由顾客的需求和期望驱动的管理哲学。菲根堡姆认为TQM是“为了能够在最经济的水平上，并考虑到充分满足顾客要求的条件下进行市场研究、设计、制造和售后服务，把企业内各部门的研制质量、维持质量和提高质量的活动构成一种一体的、有效的体系”。其主导思想是“顾客的满意和认同是长期赢得市场、创造价值的关键”。其特点是：第一，拓宽管理跨度，增进组织纵向交流；第二，减少劳动分工，促进跨职能团队合作；第三，实行防检结合，强调企业活动的可测度和可审核性；第四，向下委派权力和职责，确保对顾客需求的变化作出迅速而持续的反应；第五，优化资源利用，降低各个环节的生产成本；第六，追求质量效益，实施名牌战略，获取长期竞争优势；第七，从技术手段转向组织管理，强调职责的重要性；第八，不断对员工实施培训，塑造不断学习、改进与提高的文化氛围。①

在TQM中，最基本的工作程序是由美国统计学家戴明发明

① http：//baike. baiduHcom/view/47270. htm.

的 PDCA 管理循环，也称戴明循环，即计划—执行—检查—处理（Plan，Do，Check，Action）。其中，第一个阶段为计划阶段，又叫 P 阶段。其主要内容是通过市场调查、用户访问、国家计划指示等，了解用户对产品质量的要求，确定质量政策、质量目标和质量计划等。第二个阶段为执行阶段，又称 D 阶段。其主要内容是根据质量标准进行产品设计、试制、试验，其中包括计划执行前的人员培训。第三个阶段为检查阶段，又称 C 阶段。其主要内容是检查执行情况是否符合计划的预期结果。第四个阶段为处理阶段，又称 A 阶段。其主要内容是根据检查结果，采取相应的措施。这四个阶段循环往复，没有终点，只有起点。

（三）全面质量管理理论是科研绩效管理的理论基础

全面质量管理理论是通过“需求—过程—效益”的关系，从经济与质量的角度，将科研项目中的质量或绩效作为管理的核心，并根据不同科研项目中预期目标和研究内容的不同及所采用研究方法的不同，及时检查研究项目中预期目标的达成度和研究内容的完成情况，带动科研管理组织内部结构、管理方法和科研项目主持人水平的变革。科研管理组织通过这些相关的变革来获得竞争优势，从而促进科研投资的效益，证明基础教育科研的效益值及绩效对区域基础教育教学质量和水平的提升作用。因此，全面质量管理是过程监控的问题，因为科研绩效管理的核心是通过计划—执行—检查—处理的基本工作程序，来引导区域科研过程管理中各项活动的顺利实施。因此可以说，全面质量管理理论是基础教育科研绩效管理的核心。

三、激励理论的产生和基本内容

（一）激励理论的产生

激励理论自古就有，古今学者对它有不同的认识。在中国，历史上的激励理论主要有道家的自然理论、佛家的节欲理论、儒家的进取理论以及争气理论和名分理论等。这些理论都根植于中国的传统文化，深深影响着几千年来中国人的行为和精神境界。如在青年时期，中国人受儒家的进取理论影响较大；在壮年时期，中国人受道家的自然理论影响较大；在老年时期，中国人受佛家的节欲理论影响较大。

在西方，数百年来流行的激励理论主要有马斯洛的需求层次理论、麦克利兰的成就需要理论、洛克的目标理论、弗鲁姆的期望理论、斯金纳的强化理论、赫兹伯格的双因素理论和亚当斯的公平理论等。这些理论按其内容可划分为需要型激励理论和过程型激励理论。

（二）激励理论的基本内容

由于科研绩效管理是着重过程的管理，因此在激励理论中偏重于过程型激励理论。过程型激励理论主要包括弗鲁姆的期望理论、斯金纳的强化理论和亚当斯的公平理论。

期望理论是由美国著名行为学家弗鲁姆提出的。该理论认为，“人的期望是激励人的行为达成目标的动力”，人们采取某项行动的动力或激励力取决于他对行为结果的价值评价作预期实现目标可能性的估计。该理论可表示为：激励力量 = 效价 × 期望值，用公式表示就是：$M = \sum V \cdot E$。其中，激励力量是指特定活动目标对个体积极性和热情的激发程度；效价是指个体对其所从事的工作或所要达到的目标的价值评判；期望值是指个体对某一目标能够实现的可能性大小的估计。期望值和效价按照不同的结合方式，会产生不同的激励水平。高期望值与低效价匹配、低期望值与高效价匹配、低期望值与低效价匹配，则产生低激励；中期望值与中效价匹配，则产生中激励；高期望值与高效价匹配，则产生高激励。①

强化理论是美国心理学家斯金纳在对有意识行为的特性进行深入研究的基础上提出的激励理论，又称行为修正理论。该理论认为："人的行为可以促使环境变化，环境的变化反过来又对行为产生影响。如果外界产生的刺激对他有利，则与这种刺激相联系的行为就会重复出现；若对他不利，则这种行为就会减弱直至消失。"②

公平理论是美国心理学家亚当斯在 1956 年提出的。亚当斯认为："公平是指处理事情合情合理，不偏袒哪一方。它比较关注个人与他人激励效果的比较。"③ 这种比较创始为纵向比较和模向比较。其中，纵向比较是现在的劳动成果/现在付出的代价：过去劳动成果/过去代价；模向比较是自己的劳动投入/自己付出的代价：别人的劳动投入/别人付出的代价。

---

① 陈树文．人力资源管理［M］．北京：清华大学出版社，2010. 43.
② 陈树文．人力资源管理［M］．北京：清华大学出版社，2010. 44.
③ 陈树文．人力资源管理［M］．北京：清华大学出版社，2010. 42.

（三）激励理论是科研绩效管理的理论基础

激励理论是通过“目标—能力—效果”的关系，从行为的角度，将科研项目中的激励作为绩效管理的辅助，并根据不同科研项目中的不同目标和成员构成的不同，通过中期检查或课题调研的方式，从目标与成员研究能力的关系出发，与课题项目组成员就课题研究的目标、内容、方法、水平和科研目标达成等要素进行交流与沟通，激励项目组达到预期的研究效果，从而证明过程管理对区域基础教育科研绩效的提升作用。因此，激励理论是在研究过程中对人的行为和能力进行调控的理论，也可以说激励理论是基础教育科研绩效管理的辅助。

第二节　基础教育科研绩效管理的内涵

一、绩效的内涵

绩效是当今世界人们挂在嘴边的一个常用词，是任何组织都不得不关心的一个话题。但绩效到底是什么？在学术界则众说纷纭，不同的视角，其概念的界定也各不相同。正如贝茨（Bates）和赫尔顿（Holton）所指出的：“绩效是一个多维建构，观察和测量角度不同，其结果也不同。”因此，从社会学的角度看，绩效是按照社会分工的不同，每一个社会成员所承担的社会职责也不同。每一个人在其生存的社会中，都为其他人的生存承担一份社会职责，承担一份社会绩效。

从经济学的角度看，绩效是员工通过在组织中的表现对组织作出的承诺，也是组织通过薪酬对组织内员工作出的承诺。组织与员工之间的关系是通过绩效与薪酬体现的，而这一关系则符合经济学的平等交换原则。

从管理学的角度看，绩效是组织期望的结果。由于绩效是由个人绩效和组织绩效构成的，而组织绩效是建立在个人绩效基础上的，因此当个人绩效好的时候，组织绩效就好；当个人绩效差的时候，组织绩效就差。

在《牛津现代高级英汉双解词典》中，对绩效（Performance）的解释是“执行、履行、表现、成绩”。但由于这种解释在组织管理中无法操作，因此学术界纷纷从结果、职责、责任、任务、目标、生产量和关键成功因素等不同的视角对绩效的概念进行界定。如墨菲（Murphy）认为：“绩效是行为，是与一个人工作的组织或组织单元的目标有关的一组行为。”伯纳丁（Bernadin）认为：“绩效是工作的结果，这种结果与组织的战略目标、顾客满意度及所投资资金三者之间紧密相连。”鲍曼（Borman）和莫特维多（Motowidlo）认为：“绩效是组织内员工做了什么。”

除了上述观点外，也有学者认为：绩效是怎样用最好的方法将这件事完成；绩效是结果（做什么）与过程（如何做）的统一体；绩效是做了什么（实际收益）与能做什么（预期收益）的统一体。

由于我们是基础教育科研管理组织，我们工作的范围主要是科研项目的管理，而在科研项目管理中，不仅要注重研究的结果，也要注重研究的过程，更要注重研究预期任务的完成。因此，我们认为绩效是结果、过程与任务的有机统一。因为在科研项目中，不仅要看项目组做了哪些研究内容，也要看项目组采用了哪些科学的研究方法来完成这些研究内容，更要看项目组是否达到了预期的研究目标或研究效果。

二、绩效管理的内涵

在学术界，从不同的角度理解绩效，得到的概念是不同的。因此，从不同的角度理解绩效管理，其得出的概念也是各不相同的。英国学者罗杰斯（Rogers）认为："绩效管理是管理组织绩效的系统。"这种观点将绩效管理作为组织的战略或事业计划来实施，它考虑了组织战略与组织结构、技术事业系统和程序之间的关系。

艾恩斯沃斯（Ainsworth）认为："绩效管理是管理员工绩效的系统。"这种观点将绩效管理作为一个周期，是组织对内部员工工作成绩及发展潜力的评估与奖惩。

考斯泰勒（Costello）认为："绩效管理是管理组织与员工的综合系统。"这种观点将员工与整个组织的发展目标紧密相连，并通过这种紧密的联系来支持组织的整体发展目标。

从上述观点中我们可以看出，绩效管理可以是管理组织系统，也可以是管理员工系统，还可以是管理组织与管理员工的综合系统。但在区域基础教育科研管理中，科研管理部门不仅要管理众多的科研项目，也要对具体的科研项目中的研究内容和研究人员进行管理。因此，我们认为绩效管理是为了达成组织的目标，通过有效、开放的沟通过程，达成组织的预期目标，并推动个人和团队做出有利于组织目标达成的行为。

三、科研绩效管理的内涵

科研绩效管理不论从行业管理领域还是具体的组织内部管理，都是一个涉及服务和管理的问题。而基础教育是一个公共服务领域，其科研绩效管理势必涉及公共服务和管理的问题。但在基础教育阶段，目前基本上没有科研绩效管理，科研绩效管理一般都在高校开展。而传统的高校科研绩效管理是按照一定的标准，采用科学的方法，对教师完成岗位职责或某项工作的结果进行公正的测量、考核与评价。①

鉴于此，我们认为，基础教育的科研绩效管理是根据科研管理组织设定的目标，通过有效的、持续的、开放的交流与沟通以及科研过程的调控与反馈，形成科研管理机构目标所预期的效益，并推动学术团队和团队成员做出有利于目标达成的行为。

从外延上来说，基础教育的科研绩效管理是科研管理组织绩效的实现过程，是动态改进公共服务效果的一种管理方式。科研管理组织以整体的目标和结果为导向，通过过程的跟踪与调控、行为的改进和结果的评价等系统的过程管理，明确科研组织管理的职责和任务，强化科研管理组织内部的激励机制，激发研究团队和成员的工作热情与工作潜能，优化科研管理组织的人力资源配置，实现管理组织与学术团队、成员的预期目标，促进管理工作和管理方法的改进，提升学术团队和成员的研究水平与研究能

① 李爱梅，凌文辁．战略导向的高校科研绩效管理体系研究［J］．科技管理研究，2009（6）：233.

力，提高科研项目的研究质量，推动学术团队和成员的可持续发展。

根据基础教育的科研绩效管理的内涵与外延，我们认为其特点主要体现在如下几个方面：

第一，服务的公益性。由于基础教育是公共服务领域，基础教育阶段科研的范畴主要是学校文化、教师专业发展、课程与教学、德育与心理学、教育技术等，其服务对象是广大的中小学教师，其研究的主要目的是促进学校的可持续发展、教师的专业知识与技能发展、学生的健康成长和教育教学质量的提高，从而为未来社会培养合格的公民。

第二，目标的一致性。科研管理组织为了达到一定的绩效，要对组织的工作作一个整体的规划，为组织的发展设定整体的目标。但组织的目标要通过各个学术团队的努力和各个科研项目目标的实现才能达成。因此，组织的目标要与具体科研项目的目标相一致，要与各个学术团队的目标相一致，通过系统的过程管理，实现组织的整体目标。

第三，过程的动态性。科研管理从选题、申报、立项、中期检查到结题，是一个不断变化的过程。在这一过程中，每个项目会因各自的需要不同而选择不同的科研课题。课题申报与立项后，课题主持人和课题组成员会因为工作关系的变动而发生变化；课题研究的目标和研究的内容也会因研究过程中的实际情况而进行适当的调整；课题研究的结果会受到学术团队的目标、团队成员的水平和能力、研究方法的科学性等因素的影响。因此，科研项目在实施前、实施中和实施后都会因为各种原因而发生变化，从而使科研的过程管理呈现动态的变化。

第四，任务的责任性。在基础教育的科研管理中，科研组织既要完成各级各类科研项目的申报、评审、检查和成果交流与推广等常规科研管理任务，又要督促各科研项目完成各自的研究任务。而无论是常规科研管理任务的完成，还是项目科研任务的完成，都需要科研组织将各个类别和不同层次的任务落实到具体的科研项目和具体的工作中，形成不同类别的科研管理办法。在此基础上，通过科研项目的合同书或任务书，将具体的责任落实到具体的项目中。同时，通过科研项目激励机制和交流与沟通，将这种责任强化。

第五，调控的差异性。在科研管理中，每个科研组织都要面对众多的不同级别和不同类别科研项目的管理。在这些具体的科研项目中，由于其研究领域、研究目标和研究内容的千差万别，科研管理组织要针对不同项目的预期目标和研究内容，进行有针对性的指导、调控和反馈。因此，在科研管理中，项目的差异性导致了管理过程中调控的差异性。

第六，质量的效益性。在科研管理中，每个科研项目的成果要达到预期的目标、成果要有一定的质量，才能为教育教学服务或为政府决策提供咨询。因此，科研成果的质量要有一定的水平才能使科研项目产生效益。

第七，评价的多维性。由于科研绩效受到学术团队中成员的研究态度、研究方法、研究能力、研究环境和激励等因素的影响，因此，科研评价不能只凭感觉，对科研工作和科研成果的认识需从多个维度来体现。

第八，发展的可持续性。科研管理的目的不仅是要提高科研质量，也要促进学术团队和成员的可持续发展。在项目研究过程中，项目学术团队通过该项目的研究过程，掌握了科学研究方法的运用，体验了科研项目开展的全过程，培养了团队成员的研究意识，提高了团队成员的研究能力，促进了项目学术团队的建设和成员的专业发展。

第三节 基础教育科研绩效管理的基本原则

由于学校教育研究不仅可以提升学校的办学水平和学校文化的品位，促进学校的可持续发展，也能提升教师的专业水平，促进学生的全面发展。因此，在基础教育阶段要充分发挥学校教育研究的作用，首先就要研究区域科研绩效管理，通过科研绩效管理，提升学校教育研究的质量与水平。而要研究科研绩效管理，不仅要研究其理论依据和内涵，也要研究其遵循的基本原则。我们认为，基础教育科研绩效管理应该遵循以下四大原则：

一、发展性原则

由于基础教育科研绩效管理的目的不仅在于通过科学的管理，提升教育科研的质量和水平，更在于通过教育科研培养教师的研究意识，提升教师的研究能力和水平，促进教师的专业发展，引领教师从一个“教书匠”成长为“研究型教师”。而在区域科研绩效管理中，更多的是通过具体的科研项目管理，关注教师如何从一个“教书匠”成长为“研究型教师”的过程。因此，在区域科研绩效管理中，要以教师的专业发展为目的，以教师承担的具体科研项目为出发点，为教师的专业发展搭建平台，不断提升教师专业发展的水平，引领教师从一个“教书匠”成长为“研究型教师”。

二、共同性原则

基础教育科研绩效管理不是一个部门的责任，而是基础教育科研管理部门、学校科研管理部门、科研项目负责人和具体科研项目组成员共同的责任。因为具体的科研项目是以项目主持人的方式，首先落实到区域，然后落实到学校，最后落实到个人。如教育行政科研项目立项通知书是“××市××学校××人承担的×××××课题被立项为×××教育科学规划课题”。因此，在区域科研绩效管理中，区域科研管理部门要督促学校和科研项目负责人，按照其所承担的科研项目合同书，实施其所承担的科研项目，并顺利地完成项目研究。

三、反馈性原则

科研项目立项后，科研管理部门要对立项的科研项目进行过程管理。这一过程管理就要求管理部门以调研的方式，对项目的实施方案、过程性材料、理论与实践成果等进行检查，并在检查的过程中对项目的研究进展是否能达到该项目的预期目标进行客观的评价。因此，在基础教育科研绩效管理中，科研管理组织要通过调研，将这种评价反馈给项目主持人，以便项目主持人能够明确研究过程中的优势与不足，从而科学地引导项目绩效的形成过程，科学地监控项目将达到的预期目标。

四、差异性原则

教育科研项目主要来源于全国、省、市、区教育科学规划的教育行政立项课题，而不同级别的课题在成果水平上则存在着显著的差异。如全国教育科学规划的立项课题在结题时要通过鉴定，并提交一部 20 万字以上、有一定理论水平的专著，也要在中文核心期刊上公开发表相关研究论文 3 篇；省教育科学规划的立项课题在结题时要通过鉴定，并提交 1 篇研究报告、2 篇在中文核心期刊上公开发表的相关研究论文；市教育科学规划的立项课题在结题时可选择鉴定或验收，并提交 1 篇研究报告、1 篇在中文核心期刊上公开发表的相关研究论文和 2 篇在中文期刊上公开发表的相关研究论文；区教育科学规划的立项课题在结题时可选择鉴定或验收，并提交 1 篇研究报告、1 篇在中文期刊上公开发表的相关研究论文或 2 篇在内刊上公开发表的相关研究论文。因此，在区域科研绩效管理中，区域科研管理组织要根据科研项目立项的不同级别，提出不同的管理目标，力争使高位立项的科研项目能够得出理论成果，使低位立项的科研项目能够顺利结题。

第四节　基础教育科研绩效管理的构成要素

研究基础教育科研绩效管理，不仅要了解相关概念的内涵、特点和遵循的原则，也要理清区域科研管理组织内部的构成要素和相互关系，明确各要素的功能与定位，帮助科研管理部门建立一种系统、综合、动态、开放的思维方式，从而为寻找科学的绩效管理体系提供基础。

一、影响科研绩效管理的要素

我们采用观察与访谈的方式，对越秀区立项的50个教育行政课题进行了跟踪观察，并对获得广东省和广州市教学成果奖的课题的负责人进行了访谈。我们发现，影响科研绩效管理的要素主要有以下六个方面：

1. 制度因素

良好的制度是课题研究的沃土，它激励着研究者认真钻研、积极进取、不断超越，规范着研究的组织与管理，保证着课题研究的顺利开展。

2. 目标要素

高位与切合学校或教学实际的目标，能够引领课题研究的方向，激发研究热情，引领研究为教育教学问题的解决、学校的可持续发展、教师的专业发展和学生的终身发展服务。

3．动机要素

良好的动机激励着课题组成员不断发挥自身的主动性、积极性与创造性，不断提升成果的水平与质量。

4．反馈要素

课题研究在不断地向目标靠近的过程中，研究方法是否适合？研究内容是否可行？这都引导着课题组不断反思自己的研究过程、研究方法、研究内容，使课题研究不偏离原定的目标，从而达到预期的成果。

5．支持要素

如果学校从设备、人力、财力上对课题组大力支持，特别是学校对课题研究在实践中进行鼓励与扶持，课题组的研究积极性则高；反之，课题组的研究积极性则低。

6．能力要素

研究人员对科学方法的运用、研究方向与内容的把握、研究计划的实施等都体现着研究者的水平与能力，影响着研究成果的质量和学术价值。

由以上观察与访谈的结果分析可见，影响科研绩效管理的因素可概括为目标要素、条件要素、过程要素和结果要素。其中，条件要素主要包括制度要素、动机要素、支持要素和能力要素，过程要素则主要是反馈要素。

二、基础教育科研绩效管理的构成要素

基础教育的科研绩效管理是根据科研管理组织设定的目标，通过有效、持续、开放的交流与沟通以及科研过程的调控与反

馈，形成科研管理机构目标所预期的效益，并推动学术团队和团队成员做出有利于目标达成的行为。从科研绩效管理的内涵我们可以看出，科研绩效管理是由目标、条件、过程和结果四个要素构成的。

1. 绩效的目标要素

目标是做事情所要达到的效果或者境界。基础教育科研绩效管理中的目标是让管理者或课题组明确他们要完成什么科研任务，要达到什么样的科研水平与质量，要达到什么样的专业发展水平，它引导着科研管理与研究过程、进度、水平和质量。因此，在区域科研绩效管理中，科研管理者要通过各种管理措施，引导课题组按照研究进度，达成他们预定的研究目标。

2. 绩效的条件要素

条件是事物所具备或处于的状况。基础教育科研绩效管理中的条件是课题要完成的研究任务，达到预期的研究目标。管理部门不仅要在管理制度上为课题研究提供良好的机制保障，也要在研究经费、研究环境、研究设备等方面为课题提供物力保障，更要在研究基础、研究队伍、研究能力等方面为课题提供人力保障，从而使课题研究能够顺利进行。因此，在区域科研绩效管理中，管理者要从人、财、物等方面为课题的顺利开展给予支持。条件要素包含了制度要素、动机要素、支持要素和能力要素。

3. 绩效的过程要素

过程是事物发展所经过的程序或阶段。基础教育科研绩效管理中的过程是课题研究中的选题、开题、实施、检查、结题等管理程序，它规范着课题研究是否能够真正地落到实处，调控着课题研究的方向、进度和质量。因此，在区域科研绩效管理中，管理者要从课题的选题、开题、方法、实施、结题和成果的表述等方面对课题进行全过程的指导，使课题研究能够规范与科学，从而为提升课题的研究质量奠定扎实的基础。过程要素包含计划、实施、检查、反馈、总结等。

4. 绩效的结果要素

结果是事物经过一定阶段的发展，所达到的最后状态。基础教育科研绩效管理中的结果是课题预期研究目标完成的状况，它决定着课题研究的水平与质量，检测着课题研究目标的达成度。因此，在区域科研绩效管理中，管理者要从预期研究目标的达成、主要研究任务的完成、主要研究方法的科学运用等方面来评价研究成果的水平与质量。成果要素包含报告、论文、专著、教材、电子产品、过程材料等。

三、区域科研绩效管理构成要素的关系

管理学认为，每一个管理组织都有一个使命；而我们认为，区域科研管理组织的使命是为学校的教育教学服务。这一使命迫使管理者要根据区域教育教学发展的实际，确定区域科研发展目标，创设区域科研发展条件，指导与监控区域科研过程，提升区域科研成果的效益。因此，我们认为区域科研绩效管理中各要素的关系如图 2－1 所示。

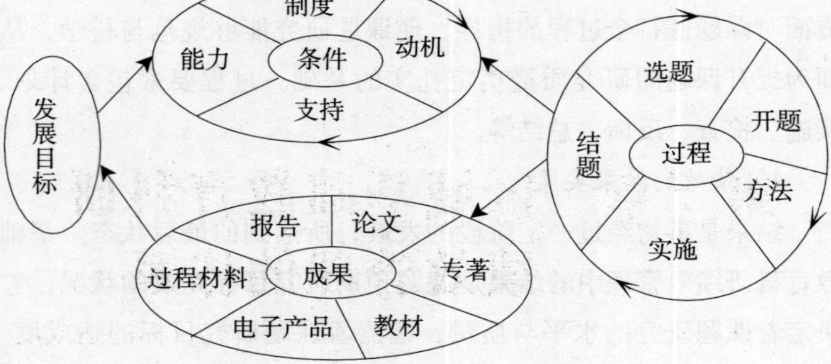

图 2－1　基础教育科研绩效管理中各要素的关系

第三章　区域基础教育科研绩效管理的体系

科研绩效管理是科研组织对科研课题、学术团队完成项目研究工作的提前投资。通过科研绩效管理，营造良好的研究氛围，使各科研项目和学术团队知道他们必须做什么，必须将研究工作做到什么程度以及科研管理组织什么时候介入等。而要回答这些问题都将涉及科研绩效管理的体系。

第一节　基本管理流程

科研绩效管理是一个动态的管理过程，这个管理过程是一个闭合的动态循环过程。这个循环的动态过程可以分为组织目标、组织计划与管理办法、过程监控（绩效方案、绩效实施、绩效调控、绩效改进）和结果与应用四个步骤。具体如图 3－1 所示：

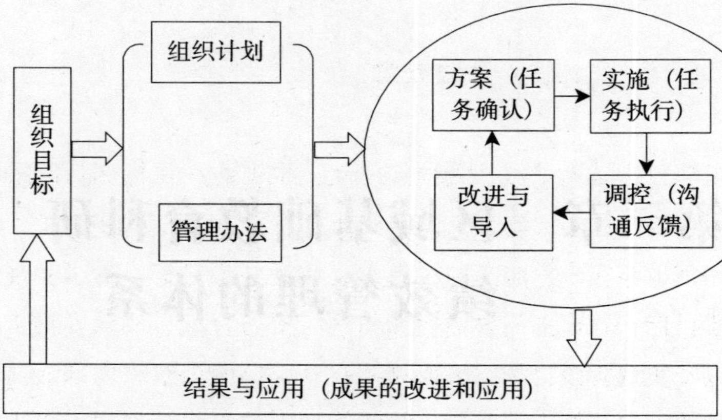

图 3－1　科研绩效管理体系

一、组织目标

组织目标是一个组织未来一段时间内预期达到的结果。组织目标的意义和作用在于，它为管理者和组织内部成员提供行动指南，为组织决策与协调提供基本依据，为组织活动提供发展动力，为组织活动成效提供衡量的标准，为组织进行有效管理提供方式。因此，现代管理基本都是从组织目标开始的。组织通过组织目标这个载体，完成组织的任务，实现组织的目的。由此可见，组织目标是区域科研绩效管理的起点，它可以使管理者和课题组明确工作方向与工作任务，可以促使管理过程更加科学与规范。在区域科研绩效管理中的组织目标通常可视为“区域教育科研中长期发展规划”。

二、组织计划与管理办法

组织目标制定以后，管理部门就要根据组织目标制订阶段计划，通过阶段计划，管理部门将组织目标分阶段地落实下去。组织计划规定了在阶段时间内，组织要实现什么目标；为了实现这些阶段目标，管理部门要描述如何进行资源分配，如何安排工作进度以及实现阶段目标要采取哪些行动，以便为组织内部成员提供行动的方向与指南。在科研绩效管理中的组织计划通常可视为“科研工作年度计划或学期工作计划”。

管理办法是一种科研管理规定，通常是用来约束和规范科研行为、特殊活动的一种规章制度。它是从属于法律的规范性文件，对人的行为或事的发展过程具有约束效力，规范着科研的课题管理、课题检查、课题验收与鉴定、课题财务管理、成果奖励等，引导着科研工作向规范的方向发展。在科研绩效管理中的管理办法通常可视为“教育科研管理办法”、“教育教学成果奖励办法”等。

三、过程监控

组织计划制订后，组织内部的管理部门就要按照组织计划有步骤地开展管理工作。在工作的过程中，管理者要对所管理的项目，从任务确认、任务执行、任务沟通与反馈、任务改进与导入等方面进行全过程的监控，以确保任务与原计划不产生偏差、完成任务的方法是科学的。同时，管理者要加强与任务承担者的沟通，及时了解和发现任务完成过程中的问题与困难，及时对计划进行反馈调整，以确保任务完成的质量。在科研绩效管理中的过程监控通常可视为对项目的方案、实施、调控、改进与导入这四大过程。

四、结果与应用

项目任务完成后，管理部门就要组织专家对项目任务的完成情况进行评定，并对评定出的优秀项目进行推广与应用。在项目任务完成后，管理者要聘请专家对项目所达到的目标、项目的内容、项目所采用的方法以及项目对教育教学规律的揭示、分析与归纳等结果性材料进行评定，以肯定与挖掘项目结果的学术价值，提高管理的有效性，并为未来的教育教学实践提供可操作的范例。在科研绩效管理中的结果与应用通常可视为项目成果的验收或鉴定以及项目成果的推广与应用。

第二节　文化与管理

目前，政府采取了各种制度与评价标准来激发广大教师开展教育科研的积极性，但在基础教育阶段，还有许多管理者和教师仍存在“搞教育科研风险大，会影响升学率、影响教育质量”，“中小学教育科研可有可无，搞不搞照样办学教书，无关大局”，“教育科研是专家的事，与我们这些基层学校无关”，“教育科研无用”，“教育科研高不可攀”等观念。那么，怎样通过管理让学校管理者和广大教师明确教育科研与振兴教育的关系、教育科研与教育改革的关系、教育科研与提高教育质量的关系以及教育科研与师资队伍成长的关系，怎样通过管理让学校管理者和广大教师树立科研兴校、向科研要改革思路、向科研要质量以及科研是教师专业化发展的重要途径等观念是当务之急。我们认为，打造良好的研究文化是关键。因为文化是一种社会现象，是经过人们长期生产与生活形成的产物，而管理文化则是一个组织的价值观、传统习俗、行为准则和做事方式，它影响着组织内所有成员的行为。① 经过多年的实践，我们认为，在基础教育科研绩效管理中的文化主要包括制度文化、学习文化和创新文化三部分。

一、制度文化的建设

制度文化是人类为了自身生存、社会发展的需要而主动创制出来的有组织的规范体系。② 从制度文化的内涵中，我们可知制度与文化的关系：当制度体现规范时，制度就反映了组织管理文化的价值、精神与观念；当文化体现规范时，组织管理文化就会以制度或行为方式的形式存在。因此，在科研绩效管理中的制度文化建设主要着重于管理制度、激励制度和传播制度的建设。

---

① 斯蒂芬·P. 罗宾斯，玛丽·库尔特. 管理学［M］. 孙健敏等译. 北京：中国人民大学出版社，2009. 57.

② http：//www. view/1237164. htm.

（一）管理制度的建设

实践证明，科研制度管理不仅是科研工作制度化的需要，也是科研管理工作的重要举措。由此可见，区域科研绩效管理中的管理制度，不仅能够为区域科研工作的正常开展提供保障，还能够为区域科研工作的顺利开展营造健康、有序、公平、公正的环境，促使区域科研绩效管理步入科学、规范、持续的发展轨道。

经过多年的区域科研管理实践，我们认为，在基础教育科研绩效管理中的管理制度是以课题为对象、以知识产权为核心的科研管理制度，它的管理对象主要包括研究人员、科研经费、科研设备和科研信息四部分，它的管理核心是课题。科研绩效管理中的管理制度主要包括总则、管理部门职责、立项课题管理、科研档案管理、科研财务管理等内容。管理制度是区域科研文化的实施细则，它明确规定了区域科研绩效管理“是什么”、“不是什么”、“做什么”和“不做什么”。

那么，怎样建设科研绩效的管理制度呢？其操作步骤依次为：设立管理机构—确定管理内容—拟定管理办法—听取各方意见—颁布管理办法。科研绩效管理制度的目的在于为区域教育科研的蓬勃开展建立有章可循的行动规范。下面，我们以越秀区为例来介绍区域科研绩效管理制度建设的步骤。

首先，为了明确各级分管领导和各级主管部门的职责与分工，越秀区在区级层面相继成立了区教育科研领导小组、教育科研学术委员会、教育发展科和区教育发展中心科研部等组织机构，建立了“教育局—发展科—发展中心—学校”四级管理网络；在校级层面成立了教育科研领导小组，指定分管的校领导，健全了教育科研室，建立了“学校—教科室—课题组—教师”四级管理网络。

其次，管理部门从科研管理的核心出发，将科研绩效管理的主要内容确定为科研立项课题的管理。因为在基础教育层面，成功申报并立项行政课题对学校或教师个人来说都是一件不容易的事情，他们普遍对行政立项课题的操作流程不熟悉，需要管理部门制定管理办法来引导他们进行科学与规范的课题研究。因此，课题管理是科研管理的重点。

再次，以课题管理为核心拟定科研管理办法。科研管理办法的内容主要包括总则、管理部门职责、立项课题管理、科研档案管理和科研财务管理等。特别是在立项课题管理部分，主要体现为课题的申报、立项、开题、指导、检查和结题等科研过程，这对于一线教师来说非常重要。清晰的课题管理可以让教师明晰要“做什么”和“怎么做”，从而为课题研究人员提供行动指南。

最后，将拟定的科研管理办法下发到各部门和学校，广泛听取各方面的意见，使管理办法具有可操作性；管理部门收集各方面对管理办法的意见，并集中人力进行修改，使管理办法得到组织内部成员的认同，成为他们研究行动的准则。

案例：广州市越秀区教育科研管理办法

第一章　总则

第一条　为了加强对越秀区教育科研的管理，提高教育科研的水平和效益，更好地发挥教育科研为教育行政决策服务、为教育改革实践服务的作用，促进我区教育质量、效益和效率的协调统一，推动我区教育现代化的发展，根据《广州市教育科学规划课题管理办法》等有关文件的精神，结合本区的实际，特制定本办法。

第二条　本办法适用于立项的国家级、省级、市级和区教育科学规划科研课题。

第二章　管理职责

第三条　区教育局教育发展科的管理职责

（一）制定越秀区教育科研发展规划和课题指南。

（二）组织全区性重大课题的研究。

（三）制定越秀区教育科研管理办法、奖励办法及有关规章制度，编制研究课题经费预算。

（四）负责学校科研等级评估工作。

（五）负责全区教育科研的管理工作。

（六）规划教育科研成果的评选、推广和应用等工作。

（七）审批各单位上报的关于课题管理的请示和报告。

第四条　教育发展中心科研部的管理职责

（一）协助发展科制定区教育科研规划、指南和计划。

（二）协助发展科制定各项教育科研管理办法和奖励办法。

（三）做好各级各类科研课题具体的动态管理，包括申报、检查、指导和验收等工作。

（四）做好各级各类教育科研成果具体的组织申报工作。

（五）做好教育科研成果具体的组织交流、评选、推广和应用等工作。

（六）上报各单位上报的关于课题管理的请示和报告。

（七）承担上级部门下达的教育科研任务。

（八）做好科研课题和科研成果的年度统计工作。

第五条　学校的管理职责

（一）将本单位承担的各级各类科研课题纳入科研工作计划，加强对科研管理工作的领导，及时提出和解决存在的问题，通过科研管理机构，切实做好经常性的科研管理工作。

（二）审核、审批上报课题组负责人关于课题管理问题的请示和报告。

（三）从实际出发建章立制，采取具体措施，利用激励和调控机制，为课题组提供课题研究条件、研究经费、出版补贴等方面的支持，促进课题组按时、按质完成研究任务。

（四）做好本单位承担科研课题的阶段检查工作，督促课题负责人及时进行阶段检查，对其提交的《阶段进展报告书》认真审核并签署意见；汇总课题的执行情况，填写《课题完成情况表》。

（五）未经上级教育行政管理部门批准，不得更换课题组负责人和主要成员。

第六条　课题负责人的管理职责

（一）组织和带动课题组成员严格履行科研课题合同，按计划进度和质量要求完成研究任务，遵守课题管理各项规定，经常了解和掌握有关情况，发现问题及时解决。

（二）对于更换课题组负责人和课题组成员、调整课题设计、改变成果形式、延长完成期限、中止课题等重要问题，必须及时向所在单位提交书面请示。

（三）按本管理办法第五条规定的课题阶段检查内容及时检查、总结本阶段的工作，如实认真填写《××科研课题阶段进展报告》，并将最终成果（当年完成课题）或阶段性研究成果（在研课题）的相关材料，按相关通知要求，交越秀区教育发展中心科研部汇总，逐级上报上级科研管理部门。

（四）记载从课题申请、立项、研究到结题全过程的重要情况，保存有关文字、音像和经费开支等资料。

第三章　课题管理

第七条　选题

（一）越秀区教育科学规划课题主要参照全国、广东省、广州市各级各类课题指南确定。

（二）越秀区教育科学规划课题指南一般每五年公布一次，年度滚动课题一般参照课题指南选题。

（三）学校可根据教育形势的发展和越秀区教育改革的实际，确定研究的课题。

第八条　申请

（一）各级各类教育科研年度滚动课题的申请时间见区教育局相关通知。

（二）申请各级各类教育科学规划课题应符合以下要求：

(1) 课题申请人必须是主持所申请课题研究工作的负责人，具有独立开展科研和组织科研工作的能力，在项目中担任实质性研究工作。

(2) 课题组负责人应具有高级专业技术职务，否则，须由两名具有高级职称的研究人员书面推荐。

(3) 每个申请人只能申报一个研究项目，并组成结构合理、能胜任课题研究工作的课题组。

(4) 从事研究所必需的人力、物力及实验条件有保证，确保申请项目顺利完成。

(5) 未完成已承担的区教育局科研课题任务或项目完成后未按要求做好结题工作以及未能履行项目合同条款的，不得承担新的研究课题。

(6) 申请手续必须完备，所需资料必须齐全。

(三) 每个课题原则上只设一名课题组负责人（组长）。如果课题组负责人年龄较大，可设第二负责人（副组长）。如果课题组成员较多或有其他原因需协助负责人主持研究工作的，也可设第二负责人。

(四) 课题申请人须在做好前期研究准备的基础上，根据区教育局相关通知要求，认真填写《××教育科学规划课题申请书》，向所在单位提出申请。

(五) 课题申请人所在单位的科研管理部门应对申请书内容的真实性、项目的科学意义、研究方案的可行性、研究人员的素质与水平能否保证研究计划实施所需的各种条件等进行审查，签署明确意见，加盖公章，承担信誉保证。

(六) 课题申请人所在单位应在规定时间内，按要求将符合课题申请条件的申请书上报区教育发展中心科研部。

第九条 评审

(一) 越秀区教育科学规划课题，按照课题立项要求和评审程序，经专家评审通过，报越秀区教育局审批和立项。

(二) 越秀区科技局资助的科研课题，经越秀区教育发展中心科研部汇总上报，越秀区科技局负责审批和立项。

(三) 全国、广东省和广州市教育科学规划课题，经越秀区教育发展中心科研部汇总上报，上级教育科学规划办审批和立项。

第十条　开题论证

区级以上的立项课题原则上需要进行开题论证。开题论证工作由课题组负责组织。

第十一条　阶段检查的内容

（一）课题研究是否按《科研课题合同书》如期开题；是否按计划实施研究工作；阶段研究成果和学术水平是否符合要求；课题未按期完成原因及延期时限。

（二）课题组负责人和课题组成员是否按规定组织和参加研究工作；是否有因调动工作、出国以及其他原因造成缺员或未经批准更换人员的情况；经费使用是否符合相关规定；有无影响课题完成的其他问题；有无其他不符合区教育局颁布的科研课题管理办法的行为。

（三）课题组应按区教育局相关通知要求，认真填写《课题阶段进展报告》，上报区教育发展中心科研部及相应课题管理单位。

第十二条　结题验收

（一）为了评估科研课题研究过程及成果的质量、水平，课题必须通过验收方可结题。

（二）课题组负责人所在单位承办各类课题验收的具体事宜。

（三）课题最终研究成果定稿后，课题组负责人应及时填报《科研课题验收结题申请书》，并提供课题成果和有关材料，供立项单位验收使用。课题结题验收须准备的资料如下：

(1) 科研课题申请书、合同书、立项通知书。

(2) 验收结题申请书。

(3) 课题研究方案。

(4) 已发表的论文复印件和被引用证明。

(5) 课题研究报告、论文或专著。

(6) 推广与应用方案。

(四) 未按课题设计进行实质性研究，而以其他成果代替课题最终成果的，不得申请验收结题。

第四章　档案管理

第十三条　归档范围

凡反映课题研究进程、具有考查价值和利用价值的文字及声像材料均属归档范围。其内容一般包括：

(一) 研究准备阶段：《××课题申请书》、开题论证报告及专家评审意见、研究计划和经费预算计划等。

(二) 研究实施阶段：重要研讨活动的综述、阶段性成果及重要调查的调查表和统计结果、《阶段进展报告》及《年度经费决算》等。

(三) 研究总结阶段：专著、论文、结题报告、研究经费决算及鉴定材料等。

(四) 成果奖励及推广材料：鉴定申报材料、专家鉴定书、获奖证明材料、成果推广材料、推广意见及申请专利资料等。

第十四条　归档要求

课题组应对研究过程中形成的材料及时进行整理、记录。报送的材料应做到书写材料优良、字迹工整、图形清晰、有利于长期保存。抄写的材料用墨水笔或签字笔书写。

第五章　财务管理

第十五条　经费开支范围

各级资助科研项目经费必须用于资助项目研究工作。主要开支范围包括：

（一）科研业务费。主要包括：

（1）计算机使用费：指使用计算机作为辅助研究手段所支出的计算机录入、软件设计及有关的测试、计算、分析、文献检索等费用。

（2）国内调研费：指为完成研究工作而必须进行的国内社会调研活动的差旅费。其标准依照国家有关规定执行。涉及港、澳、台地区及国外的调研差旅费，一律不得列支。调研差旅费不得用于课题组以外的人员。

（3）小型会议费：指为完成研究工作而举行的小型研讨会所开支的费用。会议参加者一般应为课题组成员。必须吸收课题组以外人员参加会议的，应从严掌握。小型会议费的开支标准依照国家有关规定执行。

（4）图书资料费：指研究工作所需要的报刊、档案、文献、稿件查阅、打印、复印、翻译费用，以及购买必要的图书费用等。

科研业务费一律不得用于采购通讯设备、交通运输工具、行政办公设备、计算机等。

（二）协作费：指外单位协作承担项目研究工作开支的科研经费。

（三）成果鉴定费：指由各级教育行政部门直接组织或委托项目负责人所在单位组织的成果鉴定活动所需的费用，包括会务费和鉴定专家的劳务费。鉴定会各项费用按照国家有关规定执行。

（四）项目组织实施费（管理费）：指项目负责人所在单位为

项目研究提供条件和服务而提取的补偿费用。受资助单位可按每个项目（课题）获得的实际拨款额度提取5%作为项目组织实施费，但每个项目累计提取最高限额为1万元。项目组织实施费主要用于：

(1) 本课题研究工作所需水、电、气等费用的补贴。

(2) 本课题组织实施中开展评议、验收和其他管理活动开支的资料费用。

(3) 按有关规定支付课题聘用人员，包括评议、验收人员的劳务酬金。

所有资助项目所在单位必须根据当年实际拨款额，按规定比例提取管理费，不得超前提取、层层重复提取或提高限额。

第十六条　管理与监督

(一) 课题组负责人在本单位财务、科研管理部门指导下，本着量入为出、精打细算、厉行节约的原则，按科研计划及财政管理体制改革的有关规定支配资助经费。结题时，须根据开支情况填写会计报表，并上报和存档。

(二) 课题承担单位应依照本办法建立相应的科研项目财务管理制度。课题所在单位财务部门要加强对资助课题的经费监督和管理，实行单独建账、单独核算、专款专用、超支不补，如有节余，可留作下年度科研项目补助经费。

第六章　附则

第十七条　本管理办法的解释权归广州市越秀区教育局。

第十八条　本管理办法自发布之日起执行。

（二）激励制度的建设

激励制度是通过一套理性化的制度来反映管理者与被管理者之间相互作用的方式，它不仅是组织对其成员所期望的努力方向、行为方式和应遵循的价值观的规定，也是组织健康、持续发展的动力，还是组织内部成员意志行为的方向。组织不是靠某个管理者的努力才发展与壮大起来的，它是靠组织内部一群人的共同努力才发展与壮大起来的。因此，科学的激励制度可以让组织内部成员明白组织鼓励什么，明白按照什么方向和途径能够获得物质与精神的满足，从而使“奖则赠其所欲，惩则施其所避”的规则能够普遍被组织内部所有成员接受，并持久地成为组织内部成员的规范行动。而激励的效果，则正如勒波夫（M. Leboeuf）在《怎样激励员工》一书中指出的：世界上最伟大的原则是奖励；受到奖励的事会做得更好，在有利可图的情况下，每个人都会干得更漂亮。

因此，结合多年的区域科研管理经验，我们认为，科研绩效管理中的激励制度是以课题为对象、以成果为核心的科研激励制度。它的激励对象主要是从事课题研究的人员；它的表现形式主要分为物质奖励与精神奖励两种，其中精神奖励制度主要包括教学成果奖励制度、论文评比奖励制度、新秀与名教师评定制度等，物质奖励制度则主要包括获奖资助制度、发表论文与出版专著资助制度等。

那么，怎样建设科研绩效的激励制度呢？其操作步骤依次是：确定工作维度—关注心理状态—评定工作结果—进行绩效奖励。其目的在于让课题组成员能够认识到研究的意义与价值，体验课题研究对自身教育教学工作和专业发展的促进作用。下面，以越秀区为例来介绍区域科研绩效激励制度建设的步骤。

首先，结合课题研究科学性、创新性与实践性的特点，我们将区域科研绩效激励的工作维度确定为研究方法的科学性、研究任务的完整性、研究成果的实践性、研究态度的积极性和研究过程的调控性。课题研究的方法多种多样，每一个课题要完成的研究任务不同，课题研究所形成的理论与规律不同，它们对教育教学实践的指导作用也不同。因此，我们将研究方法的科学性确定为一个课题研究中要求成员根据研究内容合理地使用各种研究方法完成本研究各个子内容的程度；将研究任务的完整性确定为一个课题研究要求紧扣课题，并通过各个子内容研究完成课题的研究任务，达到课题研究预期目标的程度；将研究成果的实践性确定为一个课题研究所形成的理论与实践成果对教育教学实践的指导作用和对成员专业的促进作用；将研究态度的积极性确定为一个课题研究在研究过程中，成员对研究所表现出来的投入、积极、自主和独立的程度；将研究过程的调控性确定为课题成员在研究过程中，根据初步获得的研究数据、研究信息和专家对研究提出的修改意见，不断地调控课题研究的方法、子内容、步骤、时间和成员分工的程度。

其次，在确定了五个工作维度后，管理者要以课题组为单位，关注每个课题组成员的心理状态，其目的在于引导课题组及时了解课题的研究状况，及时发现课题研究中的优势与不足，及时指导课题组做好反馈调控。而这一心理状态主要包括体验研究的意义与价值、体验对研究工作的责任和对研究工作结果的了解三方面的内容。管理者可以通过检查每个课题“研究方法的科学性"、"研究任务的完整性"、"研究成果的实践性"三个维度的工作，引导课题组成员体验研究对教育教学的促进作用、对改进教师的教和学生的学的意义与价值、对促进自身专业发展的意义与价值以及对促进学校可持续发展的意义与价值；通过检查课题的研究情况，了解每个课题组成员"研究态度的积极性"这个维度，引导课题组成员明确自身对研究工作的合约责任以及对研究数据与研究资料真实性的责任，激发课题组成员对课题研究的积极性、主动性和创造性；通过检查课题的研究情况，引导课题研究的方向不偏离研究方案、研究方法科学、研究获得的信息来源于教育教学实践，并对研究过程中出现的问题给予学术性指导，使课题组成员能够及时地了解本课题的研究状况。

再次，在课题研究结束时，管理者要组织专家对课题研究结果进行评定，其目的在于引导课题组成员了解自身研究的水平与质量。而评定工作结果主要包括研究态度、研究质量和研究水平三方面的内容。管理者可以通过课题的验收或鉴定等结题程序，组织专家从研究内容、研究的科学性、研究的实践性、研究的创新性和研究成果的等级等方面对课题研究进行结果评定。

最后，管理部门每隔一段时间，对这段时间内涌现出来的优秀成果进行绩效奖励，其目的在于通过物质与精神的奖励，鼓励参与研究人员的积极性，肯定他们的工作价值，使教师产生不断前进的内驱力，不断引导研究向高水平、高质量的方向发展，不断促进教师的专业发展水平。进行科研绩效奖励的方式主要包括每两年或三年一次的教学成果奖、每年一次的教学论文奖、每两年或三年一次的名教师或名校长或教坛新秀的认定等。

案例：越秀区教育发展中心年度学术年会学术论文和成果奖励办法

根据《广州市越秀区教育发展中心科研管理办法》中第七章教育科研奖励，特制定《越秀区教育发展中心年度学术年会学术论文和成果奖励办法》。

一、发表论文的奖励标准

(1) 出版专著：教师出版学术专著，教育发展中心给予每部2 000元奖励。

(2) 论文发表一等奖：教师在有统一刊号（CN或ISSN）的中英文期刊上发表论文，教育发展中心给予每篇100元奖励。

(3) 论文发表二等奖：教师在市级（含《越秀教育》）以上的内部刊物上发表论文，教育发展中心给予每篇50元奖励。

二、研究成果的奖励标准

(一) 一类研究成果的奖励标准

(1) 一类特等奖：教师的教育科研成果获得全国教育教学成果奖三等奖以上（含三等奖），教育发展中心给予1 000元奖励。

(2) 一类一等奖：教师的教育科研成果获得广东省哲学社会科学成果一等奖、广东省教育教学成果一等奖、广东省中小学教育创新成果一等奖和广东省教育管理科学吴汉良一等奖，教育发展中心给予500元奖励。

(3) 一类二等奖：教师的教育科研成果获得广东省哲学社会科学成果二等奖、广东省教育教学成果二等奖、广东省中小学教育创新成果二等奖和广东省教育管理科学吴汉良二等奖，教育发展中心给予300元奖励。

（4）一类三等奖：教师的教育科研成果获得广东省哲学社会科学成果三等奖、广东省教育教学成果三等奖、广东省中小学教育创新成果三等奖和广东省教育管理科学吴汉良三等奖，教育发展中心给予200元奖励。

（二）二类研究成果的奖励标准

（1）二类一等奖：教师的研究成果获得广州市教育教学成果一等奖或广州市教育局行政一等奖，教育发展中心给予300元奖励。

（2）二类二等奖：教师的研究成果获得广州市教育教学成果二等奖或广州市教育局行政二等奖，教育发展中心给予200元奖励。

（3）二类三等奖：教师的研究成果获得广州市教育教学成果三等奖或广州市教育局行政三等奖，教育发展中心给予100元奖励。

（三）三类研究成果的奖励标准

（1）三类一等奖：教师的研究成果获全国各学科教育学会学科论文评比一等奖或广东省各学科教育学会学科论文评比一等奖，教育发展中心给予100元奖励。

（2）三类二等奖：教师的研究成果获全国各学科教育学会学科论文评比二等奖或广东省各学科教育学会学科论文评比二等奖，教育发展中心给予80元奖励。

（3）三类三等奖：教师的研究成果获全国各学科教育学会学科论文评比三等奖或广东省各学科教育学会学科论文评比三等奖，教育发展中心给予50元奖励。

三、教师继续教育优秀课程资源评比的奖励等次

（一）一类教师继续教育优秀课程资源评比的奖励等次

（1）一类特等奖：教师继续教育课程获得全国教师继续教育优秀课程资源评比三等奖以上（含三等奖），教育发展中心给予1 000 元奖励。

（2）一类一等奖：教师继续教育课程获得广东省教师继续教育优秀课程资源评比一等奖，教育发展中心给予500 元奖励。

（3）一类二等奖：教师继续教育课程获得广东省教师继续教育优秀课程资源评比二等奖，教育发展中心给予300 元奖励。

（4）一类三等奖：教师继续教育课程获得广东省教师继续教育优秀课程资源评比三等奖，教育发展中心给予200 元奖励。

（二）二类教师继续教育优秀课程资源评比的奖励等次

（1）二类一等奖：教师继续教育课程获得广州市教师继续教育优秀课程资源评比一等奖，教育发展中心给予300 元奖励。

（2）二类二等奖：教师继续教育课程获得广州市教师继续教育优秀课程资源评比二等奖，教育发展中心给予200 元奖励。

（3）二类三等奖：教师继续教育课程获得广州市教师继续教育优秀课程资源评比三等奖，教育发展中心给予100 元奖励。

四、新撰写论文的奖励标准

对提交本次年会的新撰写论文或研究成果，教育发展中心给予每篇50 元奖励。

（三）传播制度的建设

传播制度是社会制度中对大众传播活动起着直接或间接制约和控制作用的部分，一定的社会制度对大众传播的控制体现着与

之相一致的传播制度。传播制度作为社会制度的反映，体现了社会制度或制度性因素在各个方面对传播媒介活动的制约和影响。[①]因此，科学的传播制度可以有效地开发与利用社会信息资源，有效地引起社会变革和人际关系的变化。

鉴于此，结合多年的区域科研管理经验，我们认为，科研绩效管理中的传播制度是以科研成果为对象、以科研活动为核心的成果推广与应用制度。它的传播对象主要是基础教育阶段的广大教育工作者；它的传播方式是直接应用与创新应用；它的传播途径主要是新闻报道、新闻图片、出版专著、论文发表、现场会（现场观摩与交流）、学术研讨、经验材料介绍以及专题网页等。

那么，怎样建设科研绩效的传播制度呢？其操作步骤依次是：确定成果—接触显现—受众选择—采纳融合—形成效益。其目的在于将科研成果中先进的教育教学思想、教育教学原则与规律、教育教学技术与方法等应用到教育教学实践中，引起教育教学思想、内容和方法的变革，促进教育教学的发展。下面，以越秀区为例来介绍区域科研绩效传播制度建设的步骤。

首先，科研管理部门根据每年的课题结题情况，选择一些被专家评定为优秀，并对教育教学实践有指导价值的课题作为推广课题。

其次，召开成果推广现场会，通过经验交流和课例观摩，让区域优秀的科研成果被学校和广大教师所注意并熟悉。

再次，参与学习优秀成果的学校和教师，对呈现出来的成果

① 参考崔保国的网络课程《大众传播学》。

从自身需要的角度出发，选择性地进行学习。

最后，通过一段时间对感兴趣的成果学习后，采纳对自身教育教学有用的部分，并通过教育教学实践，将其融合到自身的教育教学思想、内容与方法中，改变原有的教育教学特色，形成新的教育教学特色。

案例：越秀区优秀教育科研成果推广方案

一、成果推广的意义

（一）教育科研成果的推广与应用，不仅有助于科研意识的提高，也有助于良好科研氛围的形成。

（二）教育科研成果的推广与应用，不仅有利于普及科研知识与科研方法，也有利于提高教师的综合素质，促进教师的专业发展。

（三）教育科研成果的推广与应用，不仅能够直接体现教育科研的效益，更能体现教育科研对教育教学质量提高的促进作用。

（四）教育科研成果的推广与应用，不仅可以进一步检验成果的应用价值，也能进一步丰富与发展成果的内容，提升成果的理论与实践价值。

二、成果选择的原则

（一）需要性原则。选择能够解决区域教育教学实践的问题，对促进学校可持续发展和改进学校教育教学所面临的问题有帮助的成果。

（二）指导性原则。选择能够有效地指导学校与教师更好地进行教育教学改革、深化素质教育和教育教学法工作的成果。

（三）操作性原则。选择适合在教育教学一线应用，对提高教育教学质量有帮助的成果。

（四）发展性原则。选择能够被学校与教师应用，并通过应用使学校和教师在学习与继承的基础上形成自身的教育教学特色的成果。

三、成果选择的条件

（一）针对性。选择的成果对解决当前教育教学改革和深化素质教育中的问题具有针对性。

（二）先进性。选择的成果在理念、内容、方法和结论上都有独特与新颖之处，能够形成先进的教育教学思想，揭示、总结教育教学规律与原则。

（三）成熟性。选择的成果是经过一定时间的教育教学实践检验或逻辑上反复论证、结论科学、符合教育教学规律的。

（四）效益性。选择的成果具有一定的教育教学效益和社会效益。

四、成果推广的过程

（一）制订成果推广计划。成果推广计划主要包括：要介绍哪些成果的经验；这些成果都解决了哪些教育教学实践问题；这些成果的创新点在哪里；这些成果对教育教学改革和深化素质教育的意义与价值体现在哪里；在什么时间、什么地点、以什么形式、向哪些群体推广。

（二）上交成果推广报告和学习材料。推广报告主要包括课题研究的目标、内容、过程、方法，形成的理论与规律，得出的结论以及对教育教学实践的效果；学习材料主要包括该成果的相关理论知识、操作方式和实施经验、专题网页、专著、论文和课例。

（三）确定推广方式。根据成果的应用价值确定推广方式，其主要包括专题网页、现场会、报告会、研讨会、专著、论文、校本教材以及经验材料等。

（四）组织推广。区域科研管理部门发文，确认推广的成果，并就成果的价值组织各种形式的推广活动。

（五）组织培训。区域科研管理部门指导成果推广组，以课程、专题讲座、课例研讨等方式对有学习需要的学校或教师进行专题培训，使学校和教师能够熟悉其相关理论和操作流程。

（六）形成推广总结。成果推广后，管理部门要求各成果推广组上交推广总结，总结内容主要包括推广与应用的成果简介、推广与应用的概况、推广与应用的过程与方法、推广与应用的效果和在推广与应用中成果本身的修改及进一步深化的思考。

二、学习文化的建设

21世纪是知识经济时代，在这个时代，知识不断更新，技术层出不穷。要跟上这个时代的节拍，不仅个人需要不断学习，由个人构成的组织也要不断学习，学习成为现代组织不断创新和可持续发展的源泉。而文化则是现代组织的灵魂，决定着现代组织的定位、目标、核心价值观和主要工作方式，影响着组织内部成员的观点、思维方式与行为方式。因此，在组织内建设学习文化对提升组织的核心竞争力、促进组织的可持续发展显得尤其重要。

鉴于此，结合多年的区域科研管理经验，我们认为，科研绩效管理中的学习文化是一种鼓励个人不断学习和不断实现自我超越的组织文化，是一种形成共同价值观、改善心智模式、培养系统思考能力的组织文化。它的学习对象主要是主持和参与各级课题研究的广大教师；它的学习方式主要是课题研究；它的学习途径主要是课题立项申报、开题论证会、科研知识与方法培训、课题结题答辩和成果推广等。

那么，怎样建设科研绩效的学习文化呢？其操作步骤依次是：形成共同愿景—建立资源共享机制—搭建学习团队—营造学习氛围—学习交流反思—进行知识生产。其目的在于使学习成为实现组织与组织成员之间沟通、认同、凝聚的桥梁，成为组织生存与可持续发展的方式。下面以越秀区为例来介绍区域科研绩效学习文化建设的步骤。

第一，通过区域科研调研，总结区域科研发展的优势与不足，找出区域、学校和教师共同发展的目标，形成“科研兴校、科研兴教、科研强师”的价值追求，并通过区域《教育科研中长期发展规划》将其确定为共同的发展愿景。

第二，建立科研资源共享机制。科研资源主要包括相关教育教学理论、科研知识、科研方法、科研智慧和科研能力，而这一科研资源的分布在不同的学校、不同的教师之间是不平衡的。因此，建立区域科研资源共享机制对保证科研工作的蓬勃开展非常重要。这一机制主要包括科研课程培训机制、科研知识与方法专题讲座机制以及科研课题人员构成机制等。

第三，通过课题研究，搭建学习团队。在课题申报时，管理部门针对学校和教师上交的课题申报书中的人员构成部分，从课题组成员的年龄、知识结构、研究能力等方面帮助课题组进行认真的分析，务求使课题组成为一个年龄结构合理、体现以老带新、知识结构互补、能力差异互补、共同学习与发展的团队，从而充分发挥团队成员互相合作、互相学习的能力。

第四，管理部门通过科研课程学习、网络学习、专题讲座、课例观摩、学术研讨、学术报告、开题会、结题会等形式，营造良好的科研学习氛围，加快科研信息、科研知识的传播与运用速度，促进教师教育理论与教育教学知识的不断更新。

第五，通过课题研究，课题组成员为了解决研究中存在的问题，需要不断地学习，需要与组内成员、组外成员甚至专家就课题研究的内容、所获得的数据和信息进行反复的交流，需要与组内成员就课题研究的结论进行反思，并听取同行或专家的意见。同时，课题组将研究的成果运用到教育教学实践中，在实践中不断总结与反思，从而不断丰富成果的内容，提高成果的应用价值。

第六，科研管理部门通过成果推广的方式，将成果介绍给广大的教师，并通过交流与培训，引导有需要的学校和教师学习推广成果中的先进教育教学思想、方法，使课题研究的成果能够被广大的学校或教师学习，并成为他们自身可持续发展的生产力。

案例：2008 学年第一学期“有效的课堂教学设计与实施”课题学习团队培养计划

一、本学期研究中应注意的问题

（1）各学科在课堂教学时，要注意探索、总结、归纳课堂教学策略，为今后课题理论的提升和科学的操作奠定基础。

（2）各学科在教学时，要关注一堂课或单元目标和内容的有效性，以满足学生的全面发展和不同发展的需要。

（3）各学科在课堂教学组织上，要注意体现有效性。

（4）各学科在对课堂教学内容的指导上，要注意体现有效性。

（5）各学科在课堂教学提问时，要注意体现有效性，关注全体学生的学习需要。

（6）各学科在课堂教学时，要注意对学生不同学习方法的指导。如语文科的老师在课堂教学时，总结出的表述法、演示法、画图法和分析法四种学法指导适合不同文体的学习指导。

（7）各学科在课堂教学中对学生的评价要注意体现有效性，以促进学生最大限度的发展。

二、课题网络研讨时间安排

（1）第一次研讨时间：10月23日（周四）下午；主题："有效的课堂教学设计与实施"课题语文、数学、英语课堂教学网络观摩；负责学校：××。

（2）第二次研讨时间：11月13日（周四）下午；主题："有效的课堂教学设计与实施"课题语文、数学、英语课堂教学网络观摩；负责学校：××。

（3）网络研讨要求：课题攻关组的每位成员按照《有效的课堂教学设计与实施评价表》的评价要求在网页上的"学术讨论"区进行课例观后交流。同时，纸质的听课评价表于学期末交科研部存档。

三、各学科学习团队的研究任务

（1）根据上学期"学科教学目标与教学内容适切性研究"

（《各学科教学目标与教学内容对应表》）的内容，各学科选取每一个单元中的一节课设计一个教学案例。案例要体现以下环节：教学目标（预设与生成）—教学内容（重点难点、教学结构或活动、教学资源）—教学过程（教学策略、激励引导、指导调控、学习机会、思维培养）—教学效果（目标达成情况和学习发展状态）。

（2）各学科学习团队课题研究。各学科攻关组要选择以下一个研究内容为研究点，撰写研究方案，并于学期末交科研部存档。可参考研究内容有：①有效的课堂教学策略研究（如备课、激励、指导、思维培养、合作、探究、虚拟学习情境等策略）；②学科课堂学习资源研究（如阅读、综合活动等）。

（3）各学科学习团队每人撰写一篇教学叙事（以叙事的格式写）或教学反思（格式：教学片段—教学评析—教学反思），并于学期末交科研部存档。

（4）各学科学习团队每人撰写一篇教学论文（以论文的格式写），并于学期末交科研部存档。同时，优秀的论文将予以发表。

四、成果收集负责人

学科学习团队成员先将成果交到学科学习团队组长处，各组长汇总归类后再交到指定邮箱。

三、创新文化的建设

在知识经济时代，知识更新与技术的不断更新要求组织要不断地进行知识更新与技术创新，提升组织的核心竞争力，如此才能跟上时代的步伐。而创新文化则是与创新相关的一种文化形态，它的表现形式主要是一种文化氛围，它的内容主要包括与创新有关的价值观和态度。

鉴于此，结合多年的区域科研管理经验，我们认为，在区域科研绩效管理中的创新文化是有利于形成科研创新价值观与态度的一种文化氛围，而这种创新的文化氛围对培育课题的创新氛围、创新人才、创新成果有着重要的促进作用。

那么，怎样建设科研绩效的创新文化呢？其操作步骤依次是：形成创新机制—培养创新团队—形成创新成果。其目的在于将科研成果创新作为组织可持续发展的源泉。下面以越秀区为例来介绍区域科研绩效创新文化建设的步骤。

首先，为了鼓励科研创新，管理部门要制定激励创新的管理机制，如科研资源共享机制、科研成果奖励机制、科研成果推广机制等。

其次，科研管理部门以立项课题为依托，通过对立项课题研究的面上培训和对点指导，培养创新学习团队。

最后，科研管理部门通过对立项课题的结题验收或鉴定，形成科研创新成果。

案例：越秀区教育教学创新成果奖励办法

第一条　为了奖励我区取得教育教学成果的单位和个人，鼓励单位和个人进行教育教学的研究和改革，提高教育教学质量、水平和效益，根据国务院颁布的《教学成果奖励条例》（国务院令151号）和广东省人民政府颁布的《广东省教学成果奖励办法》（粤发〔1995〕64号）及广州市穗教发〔2002〕18号文件，结合本区实际情况，特制定本办法。

第二条　本办法所称的教育教学成果，指反映教育教学规律，具有独创性、新颖性和实用价值，对提高教学水平和教育质量、实现培养目标产生明显效果的教育教学方案和教学改革研究成果，具体包括：

（一）针对教育对象的特点和创新人才培养的要求，进行人才培养模式改革，运用现代教育理念和教学手段，在加强思想政治教育，开展课程、教材、实验实习基地建设和综合实践活动等方面，坚持教书育人，突出学生发展，探索教学规律，更新教学内容，改进教学方法的成果，全面推进素质教育，提高教育教学质量的成果。

（二）根据教育目的、教育环境和教育教学规律，在组织教育教学工作，推动教育教学改革，开展教育教学评价，加强专业（学科）、师资队伍和学风建设，实现教育教学管理现代化等方面，提高教育教学质量的成果。

（三）结合自身特点，推广、应用已有的教育教学成果，并在实践中进一步创新和发展有显著成效的成果。

第三条　区教育教学创新成果奖分为一等奖、二等奖和三等奖三个等级。

第四条　区属学校（含幼儿园）、学术团体和其他社会组织、教师及公民，均可依照本办法，申请区教育教学成果奖。

境外华侨华人、港澳台同胞、外国人或市外的单位和个人，在本区从事教育教学研究和实践活动，对推动本区教育教学改革和教学质量的提高作出重大贡献的，可依照本办法申请区教育教学成果奖。

第五条　具备下列各项条件的教育教学成果项目，持有单位或持有人可以申请区教育教学成果奖。

（一）在区内首创的或应用已有的教学成果有所突破和创新的。

（二）经过2年以上教育教学实践检验，效果明显的。其实践检验的时间，从正式实施教育教学方案开始计算；成果为教材的，从正式出版的时间开始计算。

（三）处于全区先进水平并产生一定影响的。

（四）申请区教育教学成果奖还应符合下列要求：

(1) 每项成果主要完成人一般不得超过5人，每项成果的主要完成单位一般不得超过3个。特殊情况需要超过的，应当在申请前报区教育局批准。

(2) 该成果无争议或者争议已经解决。

(3) 具有成果鉴定方面的相关证明。

在申请区教育教学成果奖之前已经获得国家级或省级、市级教育教学成果奖励的，不得申请区教学成果奖。

第六条　申请区教育教学成果奖，应当遵循下列程序：

（一）成果第一完成人向所在单位申请。

（二）学校（含幼儿园）、局直属单位、区教育学会对收到的成果进行审查后，向上级教育行政管理部门推荐。

第七条　单位或个人申请区教育教学成果奖，应当提交下列材料：

（一）《越秀区教育教学成果奖申请书》1式5份，其中1份原件，余下的可复印。

（二）代表性成果、反映教学成果的学术总结材料（1式1份，复印件）及成果鉴定证书。代表性成果必须是公开发表（出版）或经评审组织部门批准的其他刊物的论文、报告、方案、专著、教材、课件等，也可以是经区级以上鉴定的软科学成果。成果第一完成人必须是代表性成果的第一作者。

（三）成果的立项材料、获奖证书及取得实践效果的使用单位的证明（1式1份，复印件）。

申请材料要按表格填写相关内容，有关成果材料可装订成册，材料一经上报，不再退回修改，评审后材料不予退还。

第八条　区教育教学成果奖的评审、批准和授予工作，由区教育局组织实施。为便于开展评奖工作，由区教育发展中心负责日常工作，并成立评审专业组和评审委员会，具体工作包括：

（一）组织对申报的材料进行资格审查，对不符合要求的材料不予受理。

（二）评审专业组对申报材料进行初选。评审委员会按比例评审推选教育教学成果，报区教育局审核。

（三）经区教育局审核的成果实行公示，公示15个工作日后，如无异议，由区教育局批准正式公布。

（四）任何单位或个人对公示的教育教学成果的权属有异议的，可自公示之日起15个工作日内提出。提出异议的单位或个人应当提出签署真实姓名或加盖印章的书面异议材料和有关证明材料。区教育局在收到异议之日起20个工作日内调查核实，作出处理。异议解决后，符合条件的，按本办法予以批准并公布。

（五）评审专业组与评审委员会由具有较高理论水平和丰富实践经验的教育教学专家、教育理论工作者和有关专业的专家或社会人士组成。评审专业组与评审委员负责区教育教学成果奖的评审工作。评审专业组及评审委员会专家名单由区教育局发展科和教育发展中心从区内外有关单位中推荐，由区教育局批准确定。

第九条 评审专业组及评审委员会成员应当客观、公正地进行评审。在评审本人、本人所在单位的教育教学成果项目，或者在评审与本人有亲属、师生等关系人员的教育教学成果项目时，评审专业组及评审委员会的相关成员应当回避。

参加评审的专家、评委及工作人员应恪守保密原则，对评审全过程的材料和信息，包括专家名单、评审委员会构成、评审意见与争议、投票结果等均不得对外泄露。

第十条 区教育教学成果奖每2年评审1次。评奖纳入区教育局当年工作计划当中，具体时间以通知为准，每次评审活动开始一个月前，评审组织单位向社会公布。

第十一条 评选等次标准：

一等奖：教学理论先进，有很强的实践指导意义，在较大面积的实验中证明是切实可行的，并取得明显成效，促进了教育教学质量的提高，有较高的学术价值和推广价值，处于全区领先水平，在省、市内产生较广泛影响。

二等奖：有先进的理论指导，在某些方面有所创新，在实践中取得明显成效，促进了教育教学质量的提高，受到师生欢迎，有一定推广价值，处于全区先进水平，在区内外产生较广泛的良好影响。

三等奖：符合先进的教育教学理论，在实践中对提高教学水平和教育质量产生良好效果，对教学理论或方法、手段等的创新有一定见解，处于全区先进水平并在区内产生一定的影响。

评审时，应严格按照规定的标准，为保证区教育教学成果奖的质量，如条件不具备，一等奖项目可空缺。

第十二条　区教育教学成果奖获得者由越秀区教育局颁发相应的证书并按标准给予奖励。

第十三条　获得区教育教学成果奖，应当记入个人档案，作为考核、晋升、评定职称的一个依据。

第十四条　获得区教育教学成果奖的项目，由区教育局择优向市、省、国家推荐申报更高层次的教育教学成果奖。

第十五条　对于弄虚作假或者剽窃他人教育教学成果获奖的，由区教育局撤销其奖励，收回证书和奖金，并责成有关单位对当事人给予行政处分。

第十六条　学校教育教学成果奖的评奖条件、奖励等级、奖金数额、评审组织和办法，由学校自行制定，报区教育局发展科备案。

第十七条　区教育教学成果奖的各项工作执行本规定，市另有规定的，按市有关规定执行。

第十八条　本办法解释权归越秀区教育局。

第十九条　本办法自发布之日起实行。

第三节　计划与实施

计划是指用文字和指标的形式，表述组织在未来一段时间内关于行动方向、内容和方式安排的管理过程。而区域科研绩效管理中的计划则是指用文字的形式，表述科研管理部门在未来一段时间内要做什么和怎么做的过程。科研绩效管理中的计划采取顶层设计的方式，从顶层开始，将绩效目标层层分解到学校和课题组，最后落实到教师个人，使科研管理组织目标与学校科研目标、课题研究目标、教师个人研究目标结合起来，全员参与，使各层次的成员都明确自身的职责与任务，并通过大家的共同努力，达到科研管理组织预期的目标。

一、绩效计划

（一）绩效计划的设定目的

科研绩效管理计划的设定是以区域《教育科研中长期发展规划》为基础，将其目标与任务按时段层层分解到学校和课题组，使每学期的科研绩效管理计划能够分步落实，从而保障它的要求能够逐步实施，保障学期工作目标的实现，以便在组织内部营造一种突出绩效的管理文化，使科研管理组织的业绩与学校、课题组和教师个人的业绩紧密结合在一起，并使其朝着共同的目标努力，从而促进三者的可持续发展。

（二）绩效计划的设定内容

科研管理部门在设定绩效计划前，必须通过课题立项通知书或合同，与承担课题的学校、承担课题的主持人以及参与课题的教师达成共同的契约，契约的内容主要包括：

（1）工作的目标是什么？

（2）工作的内容是什么？

（3）工作的预期结果是什么？

（4）为了完成工作任务，达到预期的结果应该采取哪些工作方法？

（5）完成工作的时间有多长？

（6）在工作过程中需要进行哪些学习？

（7）在工作过程中需要获得哪些支持与帮助？

（8）工作结束时，怎样评定工作的结果？

在契约达成后，科研管理部门要通过绩效计划向学校与课题组表达的工作要求主要包括：

（1）组织的工作目标是什么？即在一段时间内，科研管理组织的工作中心和工作重点是什么？

（2）组织完成工作的可行性如何？即在一段时间内，科研管理组织要完成工作中心和工作重点的依据是什么？

（3）组织要完成工作的时间是什么时候？即科研管理组织要完成计划中各项工作的开始与结束时间各是什么时候？

（4）完成组织各项工作的对象是谁？即科研管理组织要完成的各项工作由组织内部的哪个成员、哪个学校以及哪个课题组和主持人负责？

（5）组织完成工作的方法是什么？即科研管理组织要完成各项工作所采取的工作方法和措施是什么？

（6）组织在开展工作的过程中有何权限与资源？即科研管理组织在开展各项工作中，它的工作职责是什么？它的工作权限在哪里？对于可利用的各种资源应该如何调配？

（7）组织对学校与课题组要提供的支持与帮助有哪些？即科研管理组织对学校和个人遇到的困难，应该给予哪些学习资源和工作方法的帮助？

（8）组织对学校与课题组完成工作的评定标准是什么？即科研管理组织对各项工作开展的过程和结果的评定原则以及标准是什么？

（三）绩效计划的设定方法

1. 明确整体工作目标法

为了让科研管理组织内部的全体成员都明确“十一五”期间区域教育科研工作的目标，在“十一五”开局时，召开了区域教育科研工作会议，目的是让组织内部的全体成员能够了解：区域《教育科研“十一五”规划》中，区域未来五年教育科研工作的总体目标是什么；为了实现总体工作目标，管理组织将采用哪些管理机制来保障目标的实现；为了实现总体工作目标，区域将采取哪些工作策略，从而使组织与组织内部的全体成员有一个明确的、共同的努力方向。如越秀区“十一五”期间区域教育科研工作的总体目标是“率先实现基础教育现代化，教育科学研究整体水平和研究能力居全国前列。在成功创建的‘广东省教育强区’、‘全国区域教育发展特色示范区’、‘教育部教育管理信息化标准应用示范区’发展平台上，建设适应新时期发展的教育理念人本化、科研管理现代化、科研结构多样化、科研内容特色化、科研成果优质化、科研水平均衡化、科研群体大众化的教育科研体系，将我区建设成教育科研特色鲜明、优势突出、整体水平高、研究能力强、在全国有影响力的区域教育科研示范区，推进我区实现基础教育现代化的进程”。

2. 设定主要工作内容法

为了明确科研管理组织一段时间内的主要工作内容，区域在对"十一五"教育科研工作调研的基础上，总结了"十五"期间教育科研工作的优势与不足，并根据教育科研工作的总体目标，设定"十一五"期间区域教育科研工作的主要内容，其目的在于让组织内的全体成员了解要做哪些工作以及在什么时候做什么工作。如越秀区"十一五"期间区域教育科研工作的主要内容是：第一，建立科研绩效管理平台，实现教育科研管理的现代化；第二，以课题研究提升教师的专业水平与能力，引领教师队伍的专业成长；第三，以课题研究提高学校的教育教学质量，提升学校的核心竞争力。

3. 形成主要工作策略法

为了提升科研管理组织的工作效率和效益，达成区域教育科研的管理目标，科研管理组织要针对管理目标和主要工作内容，制定一段时间内教育科研管理工作的策略，其目的在于让管理者了解工作所采取的措施。如越秀区"十一五"期间区域教育科研工作的主要策略包括以下五个方面：

第一，打造研究文化，形成共同价值取向。研究文化对教育科研工作有一定的导向、熏陶和凝聚作用。因此，形成具有共同价值取向的研究文化，在丰富、完善和践行先进的教育思想和教育理论，提高教师队伍素质，培养名校长、名教师，促进教育教学改革，提高教育教学质量等方面具有重要的促进作用。

第二，优化科研资源，促进研究型教师的成长。省内有众多的高校、科研院所、教研室和名校长、名教师等优质教育科研资源，因此，充分发挥各方面的积极性、能动性和创造性，可以引领学校教师在研究中发现问题、解决问题，提高学校教师的问题意识和解决问题的能力，指导学校教师运用教育科研理论与方法，及时将教育教学实践中所形成的新思想、新认识、新智慧提升到理论层面，推动学校教育科研的发展，帮助学校培养一大批研究型名校长、名教师，为区域实现高水平教育现代化提供人力资源的再生产力。

第三，立足校本研究，发展学校教育科研特色。只有关注学校教育教学改革与发展的实践问题，教育科研才有生命力。因此，必须鼓励和支持学校提出结合校本实际的校级和区域科研课题，积极依靠学校或区域教师自身的研究力量，解决学校教育教学中的实际问题，提升学校教师进行教育科研的能力，形成和发展学校教育科研的特色，为区域实现高水平教育现代化提供发展的空间。

第四，重点课题带动，提升区域教育科研品牌。通过区域重点课题的带动功能和凝聚作用，不仅可以不断形成各级各类以课题研究为纽带的学术研究团队，也可以总结越秀区教育教学好的经验，概括和提炼越秀区教育教学的优势和特色，形成既有鲜明越秀区特色又有示范性、前沿性、适用性的教育教学研究成果，提升区域教育科研品牌，力争使越秀区教育科研位居全国前列，为实现高水平教育现代化提供牵引力。

第五，规范课题管理，有效转化项目研究成果。课题管理只有抓规范、提质量，课题研究才有效益，才能为教育教学服务。因此，科研管理组织要从立项、开题、实施、中期论证、结题等方面体现管理过程的“有序”。同时，要关注成果应用转化的预期目标预测，建立研究成果应用转化的激励机制，并对研究成果的应用转化给予统计、公布和奖励。

4. 细化主要工作内容法

科研管理组织要通过每学期的工作计划，将区域“十一五”期间的主要工作内容进一步细化，其目的在于分阶段达到科研管理组织的管理目标，分阶段完成科研管理组织的主要工作内容。如越秀区科研管理组织在“十一五”期间，依据区域《教育科研“十一五”规划》中的总体工作目标和主要工作内容，制订每学期区域科研管理工作的计划，将“十一五”期间的主要工作细化在每学期的工作中。

案例：2007 学年第二学期越秀区教育发展中心教育科研工作计划

一、指导思想

以邓小平理论和“三个代表”重要思想为指导，落实科学发展观，围绕《越秀区“十一五”教育科学研究规划》的要求，以区域重点课题“构建学区管理模式，促进区域基础教育均衡发展”、“有效的课堂教学设计与实施”、“差异教学策略的研究”和教育发展中心重点课题“教科培三位一体管理模式研究”为带动，以全国、省、市、区立项课题为依托，通过专题课题培训、研究方法培训、课题研究中心组建设、研讨会等形式，加强对这些课题的开题、检查、验收和指导工作。从科研的层面，为教育决策和教育教学服务。

二、工作重点

(1) 加强过程管理，提高科研质量。以调研的方式对已立项的全国、省、市、区科研课题做好开题、检查、验收等过程管理，使科研管理科学化、规范化，为科研成果的提升奠定基础。

(2) 做好申报和评审工作，引领科研向高位发展。做好全国、省、市、区年度科研课题立项和各类科研成果的申报工作，针对课题研究和成果申报过程中存在的问题及时提出反馈意见，引领科研工作向高位发展。

(3) 培训科研骨干教师，形成核心研究团队。采用上挂高校、下联基层学校的形式，邀请教育科研能力较强的高校、科研院所的专家学者开设“如何进行课题和成果的申报”、“如何开展课题研究——实验法、叙事法在教育研究中的运用”以及“如何开展课题研究——调查法、观察法在教育研究中的运用”三个专题讲座，开办“校本研究的方法”科研培训班，培养“科研常规管理”、“有效教学研究”、“差异教学研究”三个研究团队，对我区重点科研课题进行集体攻关，解决我区在教育教学发展中的重大问题，为区域教育决策和教育教学质量的提高服务。同时，培养100名懂得一定科研方法的科研骨干教师，提高教师的研究意识和研究水平。

(4) 整合科研优势，交流科研信息。在专家的引领下，召开清水濠小学省级规划立项课题“校本网络教研”经验交流会，召开“有效的课堂教学设计与实施”课题课例观摩会和“小学课堂差异教学策略的研究”课题课例观摩。

(5) 搭建“有效的课堂教学设计与实施”和“小学课堂差异教学策略的研究”课题专题网络平台，促进课题研究的交流和信息共享。

(6) 办好刊物，提供科研交流的平台。办好《越秀教育》，为我区教师提供一个展现教育教学理念和能力的平台。

(7) 搭建交流的平台，推广课题研究经验。根据《越秀区教育教学创新成果奖励办法》，协助局发展科做好区首届“教育教学创新成果”评选的工作。

三、本学期工作安排

表 3-1　越秀区教育发展中心 2007 学年第二学期工作安排

周　别	星　期	工作要点
第 1 周（2 月 17 日至 2 月 23 日）	周一至周五	编辑《越秀教育》；汇编《区域教育新发展》丛书
	周四	广州市教育科学规划“十一五”第二批立项课题提交实施方案
第 2 周（2 月 24 日至 3 月 1 日）	周一至周三	广东省教育学会“第六届广东省中小学校长论坛”论文提交
	周二	召开《越秀教育》学科编辑会议
	周四	召开“有效的课堂教学设计与实施”课题攻关组会议
	周五	召开“小学课堂差异教学策略研究”课题攻关组会议
第 3 周（3 月 2 日至 3 月 8 日）	周二	大讲坛：邀请专家作“如何进行课题和成果的申报”专题讲座（暂定）
	周三	学校上报 2008 年度校本研究课题
	周四	召开“有效的课堂教学设计与实施”课题参与学校的行政会议
	周五	召开“小学课堂差异教学策略研究”课题参与学校的行政会议

（续上表）

周　别	星　期	工作要点
第4周（3月9日至3月15日）	周二	东风西路小学科研调研（区级：校本教育科研能力培养的探索与研究）
	周三	丹桂里小学科研调研（区级：课堂教学策略与教师专业发展研究）
	周五	中心课题“促进教师均衡发展的三位一体管理模式”会议（讨论三位一体管理模式及合作学校的三位一体管理模式）
第5周（3月16日至3月22日）	周一至周五	区科技局2008年度课题申报；汇编《区域教育新发展》
	周二	大德路小学科研调研（区级：科技校本课程开发与实施）
	周三	文德路小学科研调研（区级：中国—联合国儿童基金会远程合作学习；省学会：营造“文润德泽”文化场，建设“学研型”学校）
第6周（3月23日至3月29日）	周一至周五	编印《越秀教育》；汇编《区域教育新发展》丛书
	周四	教育发展中心课题“网络环境下高中课程的管理、实施与评价的研究”合作学校会议
	周五	教育发展中心课题“社会义务工作对青少年学生健康人格发展的影响研究”合作学校会议

（续上表）

周　别	星　期	工作要点
第7周 （3月30日至 4月5日）	周一至周五	编印《越秀教育》；汇编《区域教育新发展》丛书
	周二	大讲坛："促进教师均衡发展的三位一体管理模式"子课题实施方案介绍
	周四	课题经验交流会：清水濠小学省级规划立项课题"校本网络教研"中期成果交流
	周五	启动区首届"教育教学创新成果奖"的评选工作
第8周 （4月6日至 4月12日）	周一至周五	广州市教育科学"十一五"规划第三批课题申报（暂定）
	周四	"有效的课堂教学设计与实施"课题语文课堂教学观摩（育才实验学校）
	周六	科研骨干教师培训：校本研究的方法
第9周 （4月13日至 4月19日）	周一至周三	广东省教育学会"中小学校园文化建设优秀案例征集活动"案例提交
	周四	"小学课堂差异教学策略研究"课题语文课堂教学观摩（东风东小学）
	周六	科研骨干教师培训：校本研究的方法
第10周 （4月20日至 4月26日）	周四	"有效的课堂教学设计与实施"课题数学课堂教学观摩（育才实验学校）
	周五	"小学课堂差异教学策略研究"课题数学课堂教学观摩（东风东小学）
	周六	科研骨干教师培训：校本研究的方法

（续上表）

周　别	星　期	工作要点
第11周（4月27日至5月3日）	周一至周五	编印《越秀教育》
	周二	大讲坛：邀请专家作“如何开展课题研究——实验法、叙事法在教育实践中的运用”专题讲座
	周三	广东省教育学会“十一五”规划已立项课题提交实施方案
第12周（5月4日至5月10日）	周四	“有效的课堂教学设计与实施”课题英语课堂教学观摩（育才实验学校）
	周五	“小学课堂差异教学策略研究”课题英语课堂教学观摩（东风东小学）
	周六	科研骨干教师培训：校本研究的方法
第13周（5月11日至5月17日）	周一至周五	区首届“教育教学成果奖”申报
	周六	科研骨干教师培训：校本研究的方法
第14周（5月18日至5月24日）	周一至周五	区首届“教育教学成果奖”申报材料整理
	周四	“有效的课堂教学与设计”课题攻关组会议
	周五	“差异教学策略的研究”课题攻关组会议
	周六	科研骨干教师培训：校本研究的方法
第15周（5月25日至5月31日）	周一至周五	启动“有效的课堂教学设计与实施”和“小学课堂差异教学策略研究”课题网络研讨工作
	周二	大讲坛：邀请专家作“如何开展课题研究——调查法、观察法在教育实践中的运用”专题讲座
	周六	科研骨干教师培训：校本研究的方法

(续上表)

周 别	星 期	工作要点
第16周 (6月1日至 6月7日)	周一至周五	编印《越秀教育》；评审区首届“教育教学创新成果奖”
第17周 (6月8日至 6月14日)	周一至周五	编印《越秀教育》；评审区首届“教育教学创新成果奖”
第18周 (6月15日至 6月21日)	周一至周五	广东省中小学“教育教学创新成果奖”申报
	周五	科研中心组和课题攻关组会议
第19周 (6月22日至 6月28日)	周一至周五	广东省教育科学“十一五”规划2008年度课题申报（暂定）
	周三	中学主管科研工作的行政座谈会
	周四	东片小学主管科研工作的行政座谈会
	周五	西片小学主管科研工作的行政座谈会
第20周 (6月29日至 7月5日)	周一至周五	全国教育科学“十一五”规划2008年度课题申报；科研档案材料整理

说明：1. 以上各项工作如有变动，另行通知；2. 如省、市和区另有工作布置，则另行通知。

二、绩效实施

（一）绩效实施的目的

实施是指实践的行为。科研绩效管理中的实施是指以行动的方式，展现科研管理部门在未来一段时间内落实绩效计划的实践过程。区域科研绩效管理中的实施采用行动研究的方式，从各项目任务的执行开始，将科研绩效计划分项目、分时段、分步骤地落实下去，使科研管理组织的工作与学校科研管理工作、课题组研究工作和教师个人专业发展结合起来，从而提高科研管理组织的管理效能。同时，绩效管理的实施可以检测绩效管理方法是否有效、绩效管理的目标是否达成以及绩效管理过程中出现的问题是否得到解决等。

（二）绩效实施的内容

科研管理部门在绩效实施过程中，从区域重点研究项目和常规课题管理项目两个层面来实施管理。

（1）重点研究项目方面。科研管理部门根据重点研究项目，建立反映该项目研究状况的动态网络平台，并抓好该项目研究团队的建设。

（2）常规课题管理项目方面。科研管理部门对立项科研课题在开题、过程指导、交流、信息收集等方面进行全程管理，使科研管理能落到实处，为课题研究提供服务和指导。

（三）绩效实施的方法

1. 重点课题带动的方法

众所周知，在新课程改革后的课堂教学中，仍普遍存在学生课业负担过重、题海战术、加班补课、课堂教学表面热闹与双基不扎实、学科课程标准与实际教学目标间的落差、教师对教材的把握与重组、教师的教学方式与学生的学习方式不匹配等问题。

究其原因，归根到底在于课堂教学设计（预设）与实施（生成）之间的矛盾没有处理好。而要想较好地解决这些问题，就要通过课题研究。课题研究是研究者采用科学的方法认识教育的本质，摸索和总结教育规律，并取得科学结论的创造性的认识活动。课题研究不仅强调目的性、计划性和系统性，而且也强调科学性、方法性和操作性，其主要特征有以下五个方面：第一，探究性。即在已知的教育理论和实践经验的基础上，探究出未知的教育规律，解决现实中存在的教育问题。第二，创新性。即在接受前人成就的基础上，用新的观念和研究方法，解决前人没有解决或者没有完全解决的问题，为深化素质教育提供操作典范。第三，应用性。即解决教育工作中亟须解决的实际问题，为课堂教学、教育改革和深化素质教育服务。第四，实效性。即将课题研究融于实际教育教学工作之中，使课题研究工作化，教育教学工作课题化，从而解决教育实际问题。第五，群众性。即广大教师积极参与，将课题研究与教师的课堂教学相联系，将教育教学理论与教育教学实践相结合，解决教学研究与教学相脱节的现象，提高教师的理论与研究水平，促进教师的专业发展。

鉴于此，越秀区以“有效的课堂教学设计与实施”作为区域重点课题，带动区域有效教学的研究。其操作步骤依次为：调查访谈—寻找问题—确定课题—制订计划。如在“十一五”初期，科研管理部门采用问卷的方式从课题立项、研究内容和成果应用三方面对越秀区“十五”期间的课题研究情况进行了调查和统计分析。同时，通过召开“中小幼学校（园）主管行政”和“中小幼部分教师”座谈会，就“十五”期间越秀区教育科研中存在的问题和课堂教学中有待解决的问题进行了座谈。科研管理部门发现："十五"期间，越秀区的课题研究主要集中于教育教学模式、信息技术与学科整合、教学设计与评价、教师专业发展、研究性学习（综合实践活动）、教与学的方式等方面，特别是越秀区重点课题"教育信息资源的有效整合"、"区域教育发展特色研究及特色示范区创建"的研究，使越秀区形成了信息化教育、英语教育、优质化教育的区域教育特色，使越秀区率先跨入"广东省教育强区"的行列，并被教育部和广东省认定为"全国区域教育发展特色示范区"、"教育管理信息化标准应用示范区"、"广东省信息化示范区"和"广东省义务教育课程改革实验区"。但影响课堂教学有效性的因素和提高课堂教学有效性的策略则有待研究，而这一问题的解决有助于稳步提升区域课堂教学的效益和效率，确保越秀区的教学质量稳居全市首位。因此，科研管理部门将"十一五"期间越秀区须解决的重点问题之一确定为"有效的课堂教学设计与实施"。在确定了研究方向后，科研管理部门开始考虑：课题由谁管理和推动？参与课题研究的学校和人员有哪些？课题研究涉及的学科有哪些？这个课题在研究指导方面需要哪类研究人员的帮助？课题预设要达到的目标是什么？要进一步确定哪些有待解决的子问题（即具体的研究内容），准备怎么做（即我们的思路），准备采用哪些研究方法，准备如何实施？等等。根据这些考虑，科研管理部门制订了"有效的课堂教学设计与实施"研究方案（即课题研究计划），并聘请指导专家，对全区 26 所中小学的语、数、英三个基础学科进行相关研究。

重点课题的研究带动并激发了广大教师参与教育科研的积极性，带动了教师以研究的心态和意识关注课堂教学，关注学生的学习，关注教学中的问题，从而有效地提高教学质量，有效地在课堂教学中实施素质教育，有效地促进自身的专业发展和学生的全面与可持续发展。但在实施区域课题带动方法的时候，需要注意以下问题：第一，要注意激发学校和教师参与课题研究的积极性，通过宣传引导学校和教师根据自己的发展需要，自发地参与课题研究；第二，要注意发挥指导专家的引领作用，特别是理论上的引领作用；第三，在课题管理上，要有带头部门进行统一管理，学校和教师分工协作完成不同的待答问题（子内容）。

2. 团队研究的方法

研究团队是指课题根据合理的学科结构、年龄结构和研究特长等有利于创新成果产生的因素，以课题组负责人为带头人，以创新为目的，以教育教学研究与应用为内容，围绕课题研究项目，由学科和专长互补，并愿意为共同的目标而相互承担责任的基层学术组织。从研究团队的内涵中我们可以看出，它不仅强调创新性和研究性，更强调合作性和团队精神，其主要特征表现如下：第一，带头性。课题责任人是课题研究团队的带头人，在课题研究中起着“顶梁柱”和“主心骨”的作用，成为课题的管理者、构思者和协调者。第二，动态性。研究团队的成员是因课题项目这个共同目标而聚合在一起的，他们相互协同合作以完成课题任务，课题结束则宣告团队的解散。第三，协作性。团队内部成员的学科交叉融合，可以互补长短，也可以充分共享科研资源，每位成员的能力也能得到自由发挥。第四，研究性。团队是以课题为中心、以课题组为单位，为完成共同的目标而进行各项科研创新活动。

鉴于此，越秀区科研管理部门组建了“有效的课堂教学设计与实施”重点项目研究团队，以团队方式攻克区域有效教学研究中的难点问题。其操作步骤依次为：制定条件—学校推荐—构建团队—分工协作。如科研管理部门根据课题实施方案，将研究团队成员的入选条件设定为：语、数、英三个基础学科的骨干教师；参与过课题研究；有一定的文字组织和处理能力；有一定的研究能力；有代表性的学术论文发表；愿意为课题研究付出努力。团队成员的入选标准制定后，科研管理部门采用学校推荐＋研究简介的方式，每个参与学校推选出本校的语、数、英骨干教师各一名，科研管理部门邀请专家对越秀区26所参与学校推荐上来的候选人进行综合评价，以每组6人的形式筛选出小学语文攻关组、小学数学攻关组、小学英语攻关组、初中语文攻关组、初中数学攻关组、初中英语攻关组、高中语文攻关组、高中数学攻关组及高中英语攻关组共9个攻关组，54名攻关组的成员。团队搭建后，科研管理部门按照研究方案，以学科和不同学段为单位，分工协作，共同完成了“课题课堂教学评价表”、“各学科教学目标与教学内容对应表”的研究，基本完成了“实施探究学习的教学策略”、“实施合作学习的教学策略”、“提供真实学习情境的教学策略”、“形成认知结构的教学策略”和部分显性与隐性课堂教学行为的研究。

通过团队研究的方法，团队教师在研究中得以成长、在研究中得到提高，为区域培养了一批能教善研的教师队伍。同时，也以团队攻关组的教师为辐射，带动了其所在学校内学科教师的整体发展。但在实施研究团队方法的时候，要注意以下问题：第一，要注意发挥教师的所长，形成团队的合心力，鼓励教师为共同的愿景而努力；第二，要帮助参与的教师解决工作重量与研究大力的问题，将研究与教师的专业发展相联系；第三，要及时给予教师研究方法的指导，及时帮助教师解决研究中碰到的问题，使教师感觉到研究就在自己的身边，自己日常所从事的教学工作就是日常的教学研究，从而帮助教师摆脱对研究的畏难情绪。

3. 过程指导的方法

过程指导是指课题研究一般职能活动的客观程序。它包括计划、实施、检查、总结或评价等课题研究的基本程序。过程指导不仅能够及时发现和解决研究中存在的问题，也能够及时总结研究中的经验，其主要特征表现如下：第一，动态性。因为课题研究是一个不断变化和发展的过程，而过程则涉及课题管理的全过程，因此过程指导是一个动态的过程。第二，行动性。课题研究中实施的过程需要在实践中完成，需要运用各种方法进行研究。

因此，为了加强课题管理，提高课题研究的质量，要实施过程指导的方法，落实课题研究。其操作步骤依次为：课题申报—撰写计划—指导实施—阶段总结。如根据《越秀区教育科研管理办法》，在“有效的课堂教学设计与实施”总课题方案制订后，总课题组要求参与研究的26所学校根据总课题实施方案中的有待解答内容，结合自己学校的实际情况，选择学校发展中有待解决的问题作为子课题，并以课题申报书的形式向总课题组进行申报。待总课题组批准后，承担“基于Web2.0的有效教学校本专题资源拓展研究”、“有效的课堂教学策略设计与实施”、“交互电子白板技术促进课堂教学有效实施”、“有效的小学课堂教学资源设计研究”以及“用活课堂学习纸，有效落实课堂作文教学”等12个子课题的26所学校根据课题申报书撰写子课题实施方案(子课题计划)。根据26所学校的子课题实施方案，科研管理部门每学期安排时间对各子课题的研究情况和研究进展分别进行指导、检查，其指导内容主要包括研究中的过程记录、研究档案的管理、研究方法的适切性、研究中的问题、成果的提升与呈现等；其检查内容主要包括是否按实施方案（课题计划）如期开展研究、是否存在抄袭现象、是否对课题档案进行管理等。待子课题研究实施到一定程度后，总课题组要求各子课题每年要根据研究情况撰写年度进展报告，对一年来子课题的研究情况进行阶段性小结。

通过过程指导的方法，引领各课题按照课题管理办法和课题研究的要求，科学、规范地开展研究，提升课题研究的质量，促使学校在具体的研究过程中了解课题研究的过程，掌握课题研究的方法。同时，也促使学校将教学与课题研究挂钩，摆脱目前普遍存在的教学与科研“两张皮”的现象，也使科研与教学紧密相连，也使科研为教学服务。但在实施过程指导方法的时候，要注意以下问题：第一，要注意对课题研究进行规划的课题进行档案管理；第二，要注意指导学校对课题研究内容进行科学的研究，以免出现重复或低水平的抄袭现象；第三，要注意指导教师个体在探索的层面上提升研究的层次，使研究具有较大的应用价值和推广价值。

4. 网络交流的方法

网络交流是利用计算机支持学习或研究同伴之间的交互活动。越秀区课题研究过程中所使用的网络交流是以“有效的课堂教学设计与实施”主题资源网站的形式进行的。该主题资源网站是针对参与课题研究的特定人群，围绕特定的研究主题和学习素材，完成特定信息的搜索和提供、组织与发布及交流互动的网站。主题资源网站充分发挥了信息网络的开放性、时空性、交互性、共享性、超媒体和大容量等优势，并具有以下特征：第一，主题性。主题资源网站是以主题知识为导向进行建设和应用的，提供给研究者开展理论学习和相互交流的平台。第二，开放性。主题资源网站可以超越时空的界线，使研究者为共同的目标而在一起相互交流和学习，共享研究成果和学习资源。第三，实践性。主题资源网站可以通过网络进行实时课例观摩和研讨，使教师在虚拟的情境中进行真实的课题研究。

鉴于此，科研管理部门设计了“有效的课堂教学设计与实施”专题资源网站，以网络交流的形式来推进课题研究，其操作步骤依次为：设计网站—共享资源—学习交流。如科研管理部门在区信息中心的帮助下，设计与制作了“有效的课堂教学设计与实施”专题资源网站，其模块结构如下：第一模块是“最新发布”，主要是发布本课题的活动安排和相关通知；第二模块是“理论学习”，主要是共享“有效教学”的相关理论和学术文章；第三模块是“研究案例”，主要是共享总课题的研究情况和各子课题的研究实施方案及研究案例；第四模块是“阶段成果”，主要是共享总课题和各子课题及参与学校的阶段性研究成果；第五模块是“学术讨论”，主要是共享各学科的课例，并就课例进行观摩和研讨。

通过重点项目的专题资源网站，参与学校和各学科的教师在工作之余、在不同的时间和空间，共享课题的理论、活动、案例和阶段性成果，提高教师的理论水平，学习并分享他人的成功经验，为深化课题研究起到学习、交流、引领和促进的作用。但在实施网络交流方法的时候，要注意以下问题：第一，要注意保护教师的知识产权。由于网络的开放性，教师在研究中没有发表的文章、案例、反思和课例，可能被其他人引用或抄袭，因此，要注意将上传的资源进行保护设计。第二，要注意更新资源，让网站资源的容量不断扩大，使学习与共享资源更加丰富。①

第四节　培训与方法

培训是一种有组织的知识、技能、标准、信息和信念的传递行为。基础教育科研绩效管理中的培训是指科研管理部门有组织地将科研意识、教育理论、科研方法、科研过程、结题标准和教育研究信息等进行传递的行为。美国经济学家、诺贝尔经济学奖得主舒尔茨认为："单纯从自然资源、实物资本和劳动力的角度，不能解释生产力提高的全部原因，作为资本和财富的转换形态的人的知识和能力是社会进步的决定性原因。但是，它的取得不是无代价的，它需要通过投资才能形成，组织培训就是这种投资中一种重要的形式。"因此，科研绩效培训要采取顶层规划的方式，从顶层开始，依据教育科研规划，从课程目标、课程体系、课程内容来设计科研培训课程，将科研规划、科研管理办法、教育理论、科研方法和结题标准等信息与知识通过培训，让组织内的成员得以了解与掌握，达到预期水平提高的目标。

① 赵佩霞，周慧. 提高教学有效性的区域实施策略［J］. 教育导刊，2010（2）：61—64.

一、绩效培训

（一）科研绩效培训的目的

区域科研绩效培训不仅可以培育科研文化，实现科研管理组织的规划与目标，也可以提高组织内成员的教育理论水平、科研知识水平和创新能力，提升区域科研的竞争力，还可以研究教育教学的热点与难点问题，解决区域教育教学与学校发展中遇到的问题，提升教育教学质量。科研绩效培训是以区域《教育科研中长期发展规划》为基础，通过课程体系和具体的课程内容，将区域科研文化、科研知识和教育教学理论传递给组织内的成员，提高学校、课题组和教师的研究意识、研究水平和研究质量，促进科研管理组织、学校与教师的专业发展。

（二）科研绩效培训的内容

根据课程体系，科研绩效培训包括以下六大方面的内容：

（1）如何进行课题申报：其主要内容是课题的设计与构思。

（2）如何开展课题研究：其主要内容是实验法、叙事法、调查法和观察法在教育研究中的运用以及科研数据的统计与分析等。

（3）如何进行成果申报：其主要内容是成果的呈现方式和成果的内容等。

（4）如何撰写研究报告：其主要内容是研究报告的材料收集与撰写方式等。

（5）校本研究的管理与方法：其主要内容是学校对校本研究

如何进行管理，如何指导教师进行校本研究等。

（6）现代教育教学理论：其主要内容是有效教学的理论、差异教学的理论及素质教育的理论等。

（三）科研绩效培训的方法

1. *参与式培训的方法*

参与式培训是目前国际上普遍倡导的一种成人培训方法，其目的是使所有在场的人都投入学习活动中，都有表达和交流的机会，并在交流中产生新的思想和认识，丰富个体的体验，参与集体决策，提高个体改变现状的能力和信心。① 为了促进教师的专业发展，在科研绩效培训中，参与式培训方法的运用是在培训者对教师了解的基础上，根据教师在教育教学研究中的“最近发展区”，有目的、有计划地引导教师观察、分析和讨论，在合作、交流和碰撞中获得对教育教学研究的深入认知、理解、体验和感悟的学习方法。其操作流程如图 3－2 所示：

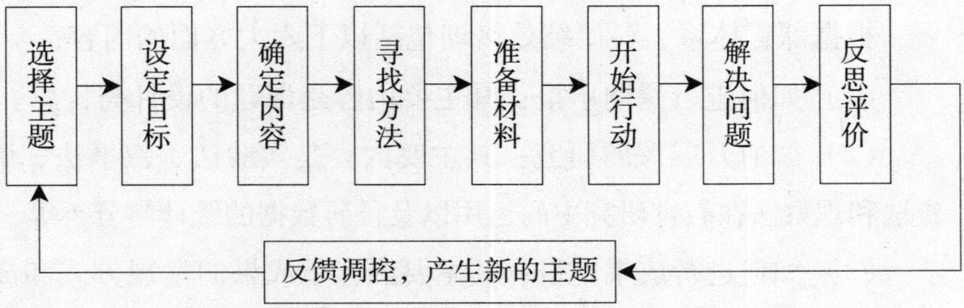

图 3－2　参与式培训操作流程

① 陈向明. 在参与中学习与行动［M］. 北京：教育科学出版社，2003.1.

在运用参与式培训方法时，应体现以下六个特点：

第一，活动的开放性。在主题活动上，参与式培训来源于教师在新课程实施中的现实专业生活需要和实际问题，针对教师的学科专业特点和个性差异，满足他们融入新课程实施的综合专业素质发展的需要；在目标上，应立足于基础教育改革和新课程对教师专业发展的挑战和需要，设计促进教师专业发展的“最近发展区”，如考虑教师在“教育理念的更新”、“知识结构的拓展”、“科研能力的提高”及“教育智能的形成”等方面的专业发展目标；在内容上，应以教育智能和科研能力的培养为重点，面向新课程中的教师现实专业生活方式和个体差异，加强教师对新课程和素质教育以及对自己专业能力的了解，建立具有新课程与素质教育理念的教学行为，提升教师的研究能力，促进教师的专业发展。

第二，角色的交互性。参与者都是具有一定学科专业知识和教育教学实践经验的教师，在培训过程中培训者应充当好设计、指导、管理、协调、组织和评价的角色，充分发挥参与教师的主体作用，使培训具有研讨的性质。

第三，活动的趣味性。教师是在繁忙的工作中抽时间来参加培训的，他们希望培训充满趣味。因此，培训者应将活动设计得丰富、生动、有趣，为参与者创设紧张充实、轻松愉快的教学情境，使参与者学得生动、有趣和充实。

第四，行动的操作性。参与式培训中的每个主题活动都设计有活动步骤，通过活动步骤，参与者以小组的形式开展行动，可以在行动中通过自己的理解、体验、创造、建构等过程，尝试将理论和实践相结合，体悟学习的效果。

第五，方法的创新性。打破传统单一的培训模式，参与式培训可根据不同层次和类别的参与者，不同层次和类别的学习目标、学习内容，采取不同的学习方法，如讲座、讨论、案例分析、游戏、角色扮演、头脑风暴、实地调查、应用项目、观察、访谈、模拟、概念图、列表、示范等方法。通过各种不同的方法，调动参与者的积极性，帮助参与者更好地理解较难的概念和问题，增强参与者解决问题的实践能力，培养参与者的创造性思维。

第六，反思的及时性。在培训过程中，培训者通过对目标、过程、方法、结果的不断反思，及时了解培训目标的达成、参与者的需求和问题，及时调整培训的进程和步骤，以满足参与者的实际需要。参与者通过对行动的反思，及时了解自己的教育理念、知识结构、科研能力和教育智能等方面与新课程存在的距离，以便及时调整自己的学习需求和学习行动，使自己的专业发展能够与新课程同步。

2. *课例观察培训的方法*

教师的研究主要是在课堂通过各层次、各类型的课堂教学实例观察，教师可以了解最新的教育教学信息，学习他人的长处，促进自己的专业发展。在科研绩效培训中构建课例观察培训方法，能够为教师在课堂教学法中顺利实施新课程和落实素质教育提供经验性的学习和课堂教学实例引导，使他们在现场的观察、分析、诊断、讨论、改进中获得实施新课程和落实素质教育的认知、体验和感悟，并产生适合新课程和素质教育的教育理念、教学行为与应变能力。因此，我们认为，课例观察培训是在实施新课程和落实素质教育的过程中，培训者和学科教师共同合作，根据教师的“最近发展区”，有目的地对新课程和素质教育课堂教学过程中的实际操作和热点、难点问题进行理性的观察、分析和讨论，并提出指导课堂教学策略的学习方法。其操作流程如图3－3所示：

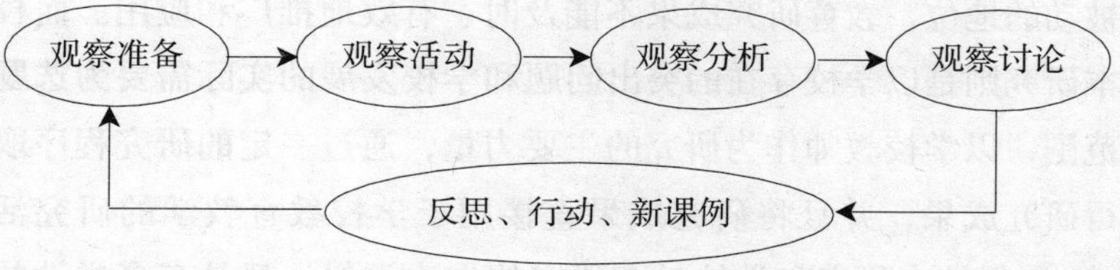

图3－3　课例观察培训操作流程

在课例观察培训方法实施中，应注意以下问题：第一，在观察准备阶段，应就被观察的课堂教学实例设计和发放统一的课堂教学观察表，在表中要提出观察的重点、建议观察的视点（如教师的知识结构、教学行为，学生的学习行为、学习方法、情感态度与价值观等）和教师专业发展的优势及有待改进的方面。第二，在观察活动阶段，要运用定性和定量相结合的方法，进行详细的数据收集和描述性的观察记录。第三，在观察分析阶段，要对收集到的观察资料进行定性和定量的分析，找出在新课程教学理念指导下课堂教学的操作方式、优点和存在的问题，并提出改进的建议。第四，在观察讨论阶段，要允许教师发表不同的观点和意见，要引导教师在交流、碰撞中产生智能的火花，要引导教师在课堂教学实践和反思中领会新课程的教育理念，自觉地重组知识结构，提高教育实践能力，形成具有个性特征的教育智能。

3．校本行动研究培训的方法

基础教育改革和新课程的实施属于应用性研究，但目前中小学开展的教育研究多是由研究机构或研究员带着课题到学校开展的基础性研究，学校则以实验学校的身份参加，课题并不能较好地反映学校本身的问题，学校及参与研究的教师在研究中也处于被动的地位，教育研究成果不能及时、有效地推广和应用。而校本研究则是以学校存在的突出问题和学校发展的实际需要为选题范围，以学校教师作为研究的主要力量，通过一定的研究程序取得研究成果，并且将研究成果直接用于学校教育教学的研究活动。① 但校本研究和学校教育研究的方法类似，都具有多样性的特点，其中实验研究方法对于中小学教师来说较难控制，会影响研究的科学性和准确性。那么，如何在校本研究中培训教师的教育科研能力呢？我们倡导校本行动研究培训，即研究员或培训者与教师合作，根据学校和教师的“最近发展区”，围绕学校和教师在素质教育和新课程实施中的实际问题，通过档案记录、问卷、测验、访谈、观察等方式进行研究的学习方法。其目的在于提高教师的观察、研究、反思和解决教育实际问题的能力，更新教师的教育观念，改变教师的职业情感和教育行为，在促进教师研究能力提升的同时，也促进学校的发展，提高学校的教育教学质量。其操作流程如图 3－4 所示：

① 郑金洲．校本研究指导［M］．北京：教育科学出版社，2003.18.

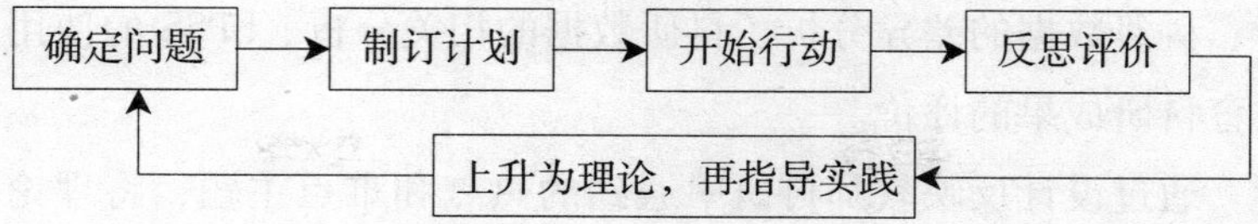

图 3－4　校本行动研究培训操作流程

从以上概念和操作流程中可以看出，我们倡导的校本行动研究培训采用了观察、调查、访谈和个案研究的方法，主张从质性角度分析和解决问题，注重研究过程和反思，注重教师在研究过程中理念的更新、知识结构的重组、实践能力的提高和教育智能的发挥，有利于教师在研究中更好地理解并实施新课程和素质教育，从而积极参与基础教育改革。

4. 主题培训的方法

主题培训是指由培训者选择教师关注的主题作为培训的中心内容，并围绕这一主题安排教学内容。在区域科研绩效培训中，根据教育科研的特点和教师对教育科研普遍陌生与恐惧的现状，我们采用主题培训的方法，将“如何开展课题研究”分为教师感兴趣的六个热点及难点主题：第一主题：实验法在教育研究中的运用，具体包括基本概念、类型、性质与特点、操作思路、注意问题和典型案例等；第二主题：叙事法在教育研究中的运用，具体包括基本概念、类型、性质与特点、操作思路、注意问题和典型案例等；第三主题：调查法在教育研究中的运用，具体包括基本概念、特点与类型、操作思路、问卷编制、结果分析和典型案例等；第四主题：观察法在教育研究中的运用，具体包括基本概念、特点与类型、操作思路和课堂案例等；第五主题：科研数据的统计与分析，具体包括科研资料的收集、科研数据的描述分析、科研数据的差异分析、科研数据的相关分析、SPSS的使用及教育科研成果的评价。

通过设计反映教师科研中遇到的热点和难点主题，将理论与教学实践相结合，使科研的基本理念、研究方法和统计分析方式融为一体，激发教师参与培训的积极性和创造性，从而满足教师提高科研意识和发展科研能力的需要。

5. 网络培训的方法

网络培训是利用计算机支持学习同伴之间的交互活动。在网络的支持下，学习者可突破时空的界线，进行同伴互教、小组讨论、小组练习、小组课题等合作学习活动。我们参照网络未来教育的形式，将《校本研究的管理与方法》课程设计的总体构思分为五部分：第一部分是学习导航。每章节的“学习导航”是为了帮助教师对本章学习内容、学习时间、学习目的、学习内容的概况有大致的了解，为进一步学习奠定基础。第二部分是学习内容。每章节的“学习内容”主要是从时间和空间上帮助学校进行校本研究的管理，帮助广大教师了解校本研究的理念、特点、方法和校本研究成果的表述、评价与推广方式，为教师在理论和实践层面获得提高奠定基础。第三部分是案例分享。每章节的“案例分享”主要是与教师共同分享他人成功的经验和体会，使教师产生智慧的碰撞，为教师形成自己的观点奠定基础。第四部分是学习资料。每章节的“学习资料”主要是拓宽教师的学习范围和视野，使教师以本课程为学习起点，将高中课堂教学作为提升自己专业发展的主要内容之一。第五部分是考核内容。每章节的“考核内容”主要是为了解教师在学习过程中掌握、理解和运用的程度。

网络培训可以打破学习的空间距离，使任何学习者都能够在任何时间、任何地点，从任何章节开始学习任何内容，更好地体现了学习的主动性，拉近了教师与学员的心理距离，增加了教师与学员交流的机会和范围，使学习更加个性化，充分满足了现代教育和终身教育的需求。

案例：越秀区教师科研培训网络课程教学大纲

课程名称：校本研究的管理与方法

一、说明

（一）课程性质

20 世纪 60 年代前后，针对当时英国和美国教育研究脱离学校实际，教育理论研究者与学校教师相脱节，研究成果难于在实践中发挥作用等现象，一些教育家提出应该鼓励学校特别是教师积极参与教育科研，在教学实际中运用和检验教育科研成果。正如斯腾豪斯所强调的：“如果没有得到教师这一方面对研究成果的检验，那么就很难看到如何能够改进教学或如何能够满足课程规划。如果教学要得到改进，就必须形成一种可以使教师接受的，并有助于教学的研究传统。”后米逐渐形成直接针对学校问题，将学校实践活动与研究活动密切结合在一起，以学校教师为研究主体的校本研究。

校本研究是近年来伴随着基础教育课程改革所兴起的一种学校教育研究的新范式，它具有学校教育科研的基本特征，同时更强调教育教学实践中具体问题的解决，这些问题主要来源于教师的亲身实践和体验；而在基础教育课程改革的背景下，又注入了新理念、新思想和新要求；研究的方式与教师集体备课、学校内部的教研活动等具有较好的衔接性，非常贴近、匹配于教师的工作方式、思维方式和知识背景。校本研究是教育研究的非专业化浪潮的继续，是一种更高程度或更彻底的“草根化”研究。

校本研究是以学校所存在的突出问题和学校发展的实际需要为选题范围，以学校教师作为研究的主要力量，通过一定的研究程序取得研究成果，并且将研究成果直接用于学校教育教学的研究活动。校本研究的特点是为了学校、在学校中和基于学校；校本研究的内容主要涉及课程、教研、培训和管理四大范畴；校本研究的目的是解决学校实践中所面临的突出问题，改进学校工作，提高教学质量和办学效益而开展的研究。

基础教育课程改革与发展也要依靠学校来实现。学校是进行教育活动的地方，是基础教育课程改革的基点，教育的中心与灵魂在学校。而学校的发展和基础教育改革要靠教师，教师的专业素质是决定学校工作成效、教育质量和基础教育课程改革的关键因素。因此，开展以学校教师为研究主体，进行为了学校、在学校中和基于学校的校本研究就成为促进教师发展和学校可持续发展的基石。学校进行校本研究要解决“如何管理的问题”，教师进行校本研究需要解决“用什么方法进行研究的问题”，这就需要对广大中小学教师进行“校本研究的管理与方法”的培训。通过这一培训，让教师成为终身学习者、实践反思者和行动研究者，为学校的可持续发展和基础教育课程改革提供动力，为学校教育质量的提高提供再生产力。因此，对中小学教师进行“校本研究的管理与方法”的培训，不仅是学校教育现代化、优质化、特色化发展的需要，也是深化素质教育和促进基础教育课程改革的需要，更是促进教师专业发展的需要。

（二）教学目的

通过对广大中小学教师进行“校本研究的管理与方法”的培训，贯彻中共中央国务院有关基础教育改革与全面推进素质教育的决定和《基础教育课程改革纲要（试行）》，促进学校的可持续发展和教师的专业发展，并为我市学校培养一支具备进行校本研究管理和掌握校本研究方法的教师队伍；帮助学校进行校本研究的管理；帮助广大教师了解校本研究的理念、特点和方法；了解校本研究成果的表述、评价与推广方式；明确校本研究在学校可持续发展和教师专业发展中的作用；明确校本研究对素质教育和新课程改革的促进作用。

（三）教学内容

本课程着力探讨区际教师“校本研究的管理与方法”培训的新内容同参与式网络培训方式的有机结合。在内容结构上，以校本研究的理念和管理为基础，以校本研究的方法为内在逻辑结构线索，重点解决“在深化素质教育和促进基础教育课程改革背景下学校如何开展校本研究”的问题。其主要教学内容由以下部分组成：校本研究的理念；校本研究的过程管理；校本研究的方法；校本研究成果的表述；校本研究成果的评价与推广。

（四）教学时数

本课程的教学总时数为32课时。

（五）教学建议

本课程主要采用网络培训方式。在培训中，结合校本研究的管理与方法，以网页课件模式，让学员们在参与中学习与行动，即让学员在“做中学”、在“学中做”。为学员创设轻松愉快的学习环境，引导学员在活动中反思自己的经验与观念，在交流和分享中学习他人的长处，产生新的思想，从而实现自我专业发展，并能采取行动积极参与学校校本研究。

“校本研究的管理与方法”采用章、节、目的逻辑的序的形式和认知的序的形式编排，其目的是帮助学校进行校本研究的管理，帮助广大教师了解校本研究的理念、特点和方法以及校本研究成果的表述、评价与推广方式，从而更好地促进学校的可持续发展和教师的专业发展，深化素质教育和新课程改革。鉴于此，“校本研究的管理与方法”的具体学习建议如下：

（1）学习导航：每章节的“学习导航”是为了帮助教师对本章学习时间、学习目的及学习内容的概况有一个大致的了解，为进一步的学习奠定基础。

（2）学习内容：每章节的“学习内容”主要是从时间和空间上帮助学校进行校本研究的管理，帮助广大教师了解校本研究的理念、特点、方法和校本研究成果的表述、评价与推广方式，为教师在理论与实践层面获得提高奠定基础。

（3）案例分享：每章节的“案例分享”主要是与教师共同分享他人成功的经验和体会，使教师产生智慧的碰撞，为教师形成自己的观点奠定基础。

（4）学习资料：每章节的“学习资料”主要是拓宽教师的学习范围和视野，使教师以本课程为学习起点，将高中课堂教学作为提升自己专业发展的主要内容之一。

（5）考核内容：每章节的“考核内容”主要是为了解教师在学习过程中的掌握、理解和运用的程度。

二、文本

第一章　校本研究的理念

教学要点：背景、内涵、特点、类别和价值

学习导航：校本研究是以学校所存在的突出问题和学校发展的实际需要为选题范围，以学校教师为研究的主要力量，通过一定的研究程序取得研究成果，并将研究成果直接用于学校教育教学的研究活动。本章主要从课程的视角对校本研究作一番探讨，并分析校本研究的特点、类别和价值。您将在3个学时的学习过程中，了解校本研究的背景、内涵和特点以及校本研究方法的类别和价值。

学习内容：

第一节　校本研究的诠释

- 校本研究的背景
- 校本研究的内涵
- 校本研究的特点与价值

第二节　校本研究方法的考察

- 教育研究方法
- 校本研究方法的类别
- 校本研究方法的选用

第三节　校本研究的意义与价值

- 校本研究的意义
- 校本研究的价值追求

学习资料：

严先元．教师怎样做校本研究［M］．北京：中国文史出版社，2007.

校本理念与内涵的研究［J/OL］.（2005－04－04）. http：//www. whjy. net/jxyj/jbyj/13526. shtml.

考核内容：根据您学校开展校本研究的实际情况，谈谈您对校本研究的理解。

第二章 校本研究的管理

教学要点：过程、组织、制度和课题

学习导航：校本研究管理是指遵循学校教育科研规律，运用决策、计划、组织、控制等基本管理职能，用科学方法来管理学校校本研究工作，有效地发挥人、财、物、时、信息等要素的效用，以完成学校校本研究任务的活动。您将在6个学时的学习过程中，了解什么是校本研究管理、校本研究管理的基本思路以及什么是校本研究的过程管理、组织管理、制度管理和课题管理。

学习内容：

第一节 校本研究管理

- 校本研究管理的对象和任务
- 校本研究管理的原则
- 校本研究管理的思路

第二节 校本研究的过程管理

- 校本研究的计划
- 校本研究的实施
- 校本研究的检查
- 校本研究的总结
- 案例分享

第三节 校本研究的组织管理

- 建立校本研究管理机构

- 选择适当的校本研究组织形式
- 充分发挥学校校本研究的组织效能
- 案例分享

第四节　校本研究的制度管理

- 建立校本研究规划制度
- 建立校本研究目标考核制度
- 建立校本研究立项制度
- 建立校本研究检查制度
- 建立校本研究经费资助制度
- 建立校本研究成果处理制度
- 建立校本研究表彰制度
- 案例分享

第五节　校本研究的课题管理

- 校本研究课题指南
- 校本研究课题形式
- 校本研究课题申报
- 校本研究课题组织管理
- 校本研究课题计划管理
- 校本研究课题常规管理
- 案例分享

学习资料：

周宏，高长梅，白昆荣．学校教育科研全书［M］．北京：人民日报出版社，1998．

http：//www.cnier.ac.cn/jyqbck/yuedu/4664.html.

http：//www.hpe.sh.cn/UploadFiles/200841874630324.doc.

考核内容：根据您学校开展校本研究的管理情况，您认为应如何对学校校本研究进行管理？

第三章　校本研究的方法

教学要点：观察、调查、实验、叙事、案例、行动和测量

学习导航：校本研究的方法是按照某种途径，有组织、有计划、有系统地进行教育研究和构建教育理论的方式，是以教育现象为对象、以科学方法为手段，遵循一定的研究程序，以获得教育科学规律性知识为目标的一整套系统研究过程。它既是一种思维方式，又是一种行为方式。您将在17个学时的学习过程中，了解什么是校本研究的观察法、调查法、实验法、叙事法、案例法、行动法以及测量法。

学习内容：

第一节　校本研究的观察法

- 观察法概述
- 观察法在校本研究中的应用
- 观察的方法
- 观课后的评议
- 案例分享

第二节　校本研究的调查法

- 调查法概述
- 调查法的类别与实验步骤
- 调查法的具体形式
- 案例分享

第三节　校本研究的实验法

- 实验法概述

- 实验法的几个关键问题
- 实验法的操作设计
- 实验法的基本步骤
- 案例分享

第四节　校本研究的教育叙事法

- 教育叙事法概述
- 教育叙事法的解析
- 教育叙事法的展开
- 案例分享

第五节　校本研究的案例法

- 案例法概述
- 案例法在校本研究中的应用
- 案例的开发与案例写作
- 案例分享

第六节　校本研究的行动法

- 行动法概述
- 行动法在校本研究中的应用
- 行动法的开展过程
- 案例分享

第七节　校本研究的测量法

- 测量法概述
- 测量法在校本研究中的应用
- 测量法的实验步骤
- 选择适合的教育测量工具
- 案例分享

学习资料：

严先元. 教师怎样做校本研究［M］. 北京：中国文史出版社，2007.

刘良华. 校本教学研究［M］. 成都：四川教育出版社，2003.

黎奇. 新课程背景下校本教学研究［M］. 北京：首都师范大学出版社，2006.

刘翠鸿. 校本教研教育叙事研究［M］. 北京：首都师范大学出版社，2005.

罗炜. 校本教师行动研究案例［M］. 北京：首都师范大学出版社，2005.

http：//hi. baidu. com/lty866/blog/item/65b846c4a85c26a18226aca0. html.

http：//www. cdedu. gov. cn/ktgl/show. asp？id =2761.

http：//news. cersp. com/sLgjx/sJxzy/200709/2718_ 3. html.

http：//baike. baidu. com/view/1519419. htm.

http：//baike. baidu. com/view/1297551. htm.

考核内容：根据您学校开展校本研究的实际情况，选择本章中的一种或几种研究方法，自选研究主题，设计一份相关的研究实施方案。

第四章　校本研究成果的表述

教学要点：成果、表述

学习导航：校本研究成果是针对某种教育现象、某一研究课题或某种教育理论进行研究后所得的新教育观点、新教育思想、新教育方法或新教育理论。您将在3个学时的学习过程中，了解校本研究成果表述的概述以及校本研究成果表述的方式。

学习内容：

第一节　校本研究成果的表述概述

- 校本研究成果表述的目的和意义
- 校本研究成果表述的类型

第二节　校本研究成果的表述方式

- 观察研究成果的表述方式
- 调查研究成果的表述方式
- 实验研究成果的表述方式
- 叙事研究成果的表述方式
- 案例研究成果的表述方式
- 行动研究成果的表述方式
- 测量研究成果的表述方式
- 案例分享

学习资料：

严先元. 教师怎样做校本研究［M］. 北京：中国文史出版社，2007.

周宏等. 学校教育科研管理［M］. 北京：人民日报出版社，2003.

http：//www.3edu.net/lw/jyyj/lw_111180.html.

http：//www.360doc.com/showRelevantArt.aspx？ArticleID=1214058.

考核内容：根据您学校或学科开展的校本研究，运用本章所教的方法，自选题目，撰写一篇相关研究的文章。

第五章　校本研究成果的评价与推广

教学要点：评价、推广

学习导航：校本研究成果的评价与推广是校本研究工作中的

新课题，科学地评价与推广校本研究成果，是衡量学校校本研究工作质量和水平的一项重要措施。您将在3个学时的学习过程中，了解校本研究成果评价的概述以及校本研究成果的推广与作用。

学习内容：

第一节　校本研究成果评价概述

- 校本研究成果评价的内涵
- 校本研究成果评价的作用和功能
- 校本研究成果评价的原则和标准
- 校本研究成果评价的程序
- 校本研究成果评价的分析
- 案例分享

第二节　校本研究成果的推广与应用

- 校本研究成果推广与应用的内涵
- 校本研究成果推广与应用的主要内容
- 校本研究成果推广与应用的主要方法
- 案例分享

学习资料：

周宏等. 学校教育科研管理［M］. 北京：人民日报出版社，2003.

考核内容：根据您学校的实际情况，谈谈您学校在评价和推广校本研究成果中的具体做法。

二、绩效课题研究的方法

（一）绩效课题研究的目的

教育科研是一种运用科学的理论和方法，有意识、有目的、有计划地对教育领域中的现象、问题和规律进行研究的认识活动。[①] 在基础教育阶段，我们一般将教育研究称为课题研究，其目的是解决基础教育活动中的问题，探索基础教育发展的规律，为基础教育实践、决策和发展服务。因此，课题研究成为探索教育教学规律、促进学校发展、提高教育教学质量的第一推动力。

（二）绩效课题研究的内容

由于基础教育科研的重心主要在教育理论的运用和实践的创新上，因此，绩效课题研究的主要内容包括以下九个方面：

1. 新时期学校发展研究

在构建和谐社会和全面深化素质教育的背景下，对基础教育课程改革与现代学校制度的探索，从学校管理研究中逐步形成并凸显“学校发展研究”这一重要研究领域，已成为教育科研的重要研究方向。例如：如何以科学发展观来指导学校发展，形成学校的影响力、竞争力、创新力和文化力，促进学校的可持续发展；如何正确认识和处理学校与政府、市场、社区的关系，形成现代学校管理制度，以促进学校的健康发展；如何基于学校的发

① 柳斌. 学校教育科研全书［M］. 北京：人民日报出版社，1998.1.

展，推进“校本研究”；如何形成学校的办学理念，改善育人环境，促进学生的发展，打造学校品牌、学校形象、学校特色等。

2. 深化素质教育的实施策略研究

坚定不移地推进素质教育，全面提高全体国民的整体素质，培养全面而有个性、实践能力和创新意识较强的新一代，直接关系着中华民族的自主创新能力、创新型国家的形成和建设。在基础教育改革的背景下，根据素质教育的理念和要求，在观念与认识、制度与环境、条件与师资、课程实施与教学方式、考试评价与升学制度、监控与督导等方面进行深化研究，研究如何通过基础教育提高未来公民的综合素质、自主创新能力，探索创新型人才的培养方法。

3. 多元文化背景下的德育和心理健康教育研究

德育和心理健康教育不仅是教育的首要工作与核心工作，也是教育科学研究的永恒主题。在现代化、多元化、信息化、全球化的现实背景下，在大众媒体、信息技术、网络技术日益发达的今天，如何加强未成年人的思想道德建设，已成为一个既严峻又沉重的问题。如何在实践中继续探索德育的新理念、新途径与新方式，如何在研究上继续探索德育的本质、规律和机制，以解决德育研究的指导性问题，提高学校德育工作的现实性、针对性和有效性成为这一研究方向的重要研究课题。

4. 课改背景下的课程与教学研究

随着义务教育课程改革的深入和高中新课改的推进，基础教育课程改革生成了许多新问题、新经验、新思想、新措施，人们将更关注日常教学中学习方式和教学方式的转变，关注教学过程的合理性和有效性，关注教学内容的选择、构建对达成课程目标、形成教学质量的影响，关注教学评价改革对促进每一位学生发展的影响，关注传统的教学思想与现代教学理念的融合，关注教学对学生学习潜能的激发和健康个性的培养，关注现代信息技术在教学活动中的合理使用与有效整合，从而促进学生的发展。

5. 教育信息化应用与推广研究

教育信息化建设是现代教育的标志，要进一步加强总结、提炼和升华，加强教育信息化应用与推广研究，以信息化推动学校教育现代化，扩大基于网络的信息技术在教育管理、教学过程、资源整合等方面的应用与推广力度，以提高管理水平、教学质量和办学效益，减轻教师和学生的负担，体现学校特色，实现资源共享。

6. 促进教师专业发展的途径和方式研究

在率先实现教育现代化，全面推进素质教育和深化基础教育课程改革的教育背景下，提高教师的整体素质，加强教师队伍建设，日益成为教育研究的重要方向。如区域性的教师队伍建设，学校教师队伍建设，教师教育课程结构、教学内容、培训模式，名校长、名教师成长的过程、规律及管理机制等研究方向，正在不断成为教育科研新的生长点。

7. 学前教育与特殊教育研究

幼儿教育是终身教育的起始阶段，从小培养儿童良好的品德、积极的态度和广泛的兴趣，积极开发儿童的潜能，将为人的一生的充分发展奠定基础。特殊教育是对特殊人群实施的教育。随着社会经济的发展，幼儿教育和特殊教育已成为我国教育事业的一个重要组成部分，特别是社会化、高质量的学前教育和特殊教育已成为社会关注的焦点之一。如学前教育管理体制与机制、民办幼儿园管理和办园质量、幼儿园课程整合研究、幼儿游戏及玩具等教育资源开发、智障儿童教学研究等，正日益成为教育研究的重要方向。

8. 青少年科技教育可持续发展研究

科技决定社会前进的方向，教育决定国家的未来，青少年代表着时代繁荣的希望。加强青少年科技教育，提高青少年的科技素养，已成为教育发展需要研究和解决的重要问题。因此，加强青少年科技教育的研究，成为教育科研的重要方向。

9. 和谐社区教育研究

社区教育是学校教育的补充，开展社区教育研究有利于优化社会教育资源，形成学校、家庭、社会“三位一体”的教育合力，有助于更好地促进青少年的健康成长。

（三）绩效课题研究的方法

1. 文献研究的方法

文献研究法主要是指收集、鉴别、整理文献，并通过对文献的研究形成对事实的科学认识的方法。[①] 文献研究法的一般过程主要包括提出课题或假设、研究设计、收集文献、整理文献和进行文献综述五个环节。但教师在运用文献研究法时，要注意研究精品文献，要注意文献的搜寻路径以及对文献的研读和综述。因为高质量的文献研究，可以对一定时期内某个学科或专题的研究成果和进展进行系统的、全面的归纳整理、分析鉴别和叙述，从而形成科学、客观的评论，为课题的研究做好前期准备。

---

① http：//baike. baidu. com/view/1682460. htm.

2. 实验研究的方法

教育实验研究法是指研究者根据一定的目的和计划，以一定的教育理论及其假设为指导，在人为的严密控制条件下，有计划地操纵实验变量，对教育对象施加可操纵的教育影响，并观测被试对象的各种变化，以此推断所施加的教育影响与教育效果之间是否存在因果关系，揭示教育活动规律的研究方法。教育实验法的一般过程主要包括建立假设、操纵实验措施、观测实验结果、控制无关因素、分析实验措施和结果之间的关系。但教师在运用实验研究方法时，要注意提供理论假设、主动干预研究对象、操纵自变量、努力控制无关变量、准确测定因变量以及用统计分析的方法科学总结实验结果。因为其研究对象是人，而人的情感、态度、价值观、动机等内在因素都会影响到实验效果，因此，教师在运用实验法时要慎重。

3. 调查研究的方法

教育调查法是指调查者为了达到设想的目的，通过访谈、问卷、测验、座谈等方式，有目的、有计划、系统地收集研究对象某一方面情况的各种材料，并作出分析、综合，获得关于教育现象的科学事实，形成关于教育现象的科学认识的研究方法。教育调查法的一般过程主要包括确定调查项目和调查对象、拟订调查计划和选制调查工具、实施调查和收集调查资料、整理材料并形成结论、撰写调查研究报告。但教师在运用调查法时，要注意问卷的编制。因为如果问卷编制得科学，调查者就可以在短时间内获取大量资料，并能对资料进行量化处理，经济又省时。否则，被调查者可能会由于种种原因，对问题作出虚假或错误的回答。

4. 观察研究的方法

教育观察研究法是指研究者根据一定的研究目的、研究提纲或观察表，通过感官或借助于一定的科学仪器观察被研究对象，从而获得资料的研究方法。教育观察法的一般过程主要包括观察的准备、观察的实施、观察的记录与整理、提出观点并撰写研究报告。但教师在运用观察法时，要注意计划的周密性、观察次数与时间的系统性、观察对象与范围的限定性以及观察状态的自然性。观察是一种思维活动，它受到感官的生理和主观意识的限制。在基础教育研究中，教育观察法多运用于课堂教学观察，如教师日常使用的听课与评课表就是观察法在基础教育研究中的运用。

5. 测量研究的方法

教育测量研究法是研究者根据某种规则或尺度，以测验为工具对研究对象进行测试，获得数量化的结果，并通过分析得出相关结论的研究方法。教育测量法的一般过程主要包括确定测量目的、测量的内容、测量的形式，编制测量的题目、标准化过程，编写测量说明。其中，编写测量说明的内容主要包括测验的目的和功用，编制测验的理论背景及选择题目的和依据，测验的实施方法、时限及注意事项，测验的标准答案和评分方法，常模资料，信度、效度资料等。但教师在运用测量法时，要注意其功能的单一性和误差性。因为测量工具所测得的往往是人的某一方面的心理或智力特征，而这一特征受到一些主观心理因素的影响，可能会出现一定的误差。在基础教育研究中，测量法多运用测验与考试的方式。如教师日常出的测验题和考试题就是测量法在基础教育研究中的运用。

6. 行动研究的方法

斯腾豪斯认为，行动研究法是行动者为解决自己在实践中的问题而进行的研究。行动研究法的一般过程主要包括探索性的计划、采取行动、探求行动结果的一个螺旋式过程。上海市教科所认为，行动研究法的一般过程主要包括确定问题、寻找解决问题的方法、应用解决问题的策略、结果分析、理论发展。目前，学界有两种说法：一种认为行动研究法是一种研究类型；另一种认为行动研究法是对所有研究方法的综合运用。教师在运用行动研究法时，要注意结合自身研究问题的实际，科学地选择行动研究法的一种学术观点，然后按其选择的观点和操作过程进行相关研究。

7. 叙事研究的方法

教育叙事研究法是指研究者以讲故事的形式述说自己或别人经历过的教育生活，并解释其中意义的研究方法。教育叙事研究法的一般过程主要包括经验的会聚、意义的诊释和语言的表述。但教师在运用叙事研究法时，要有一个主题、一个完整的故事和一个自己的反思，要注意在诊释时将多义性的诠释和理解呈现给读者，使读者获得对教育的理解。

8. 案例研究的方法

教育案例研究法是指结合学校的教育教学实际，以典型案例为素材，通过具体的分析、解剖、反思与评点，促进研究者进入特定的研究情境和研究过程，建立真实的研究感受和寻求教育教学问题解决的研究方法。案例研究法的一般过程主要包括选择研究对象、获取各种资料信息、分析各种资料与信息、形成科学结论。但教师在运用案例研究法时，要注意选择复杂的情境，要注意揭示人物的心理，要具有独到的思考，使案例能够直接地、形象地反映教育教学的具体过程，并具有很强的可读性和操作性。

案例：初中地理探究性学习方式的实验研究

一、问题的提出

素质教育的推进，不仅推动了基础教育课程改革，也推动了地理课程改革的深入开展。但在实践中，我们发现：尽管地理教科书的编写是以人地关系为主线，以丰富多彩的图表和生动的文字，展现全球不同区域的地理环境结构和特征，展现与其相关的不同民族的文化、文明、价值观和生活方式，揭示自然的奥秘、人与自然的关系，特别是人类目前所面临的重大环境问题。但学生对地理课程普遍不感兴趣，普遍认为学地理“无用”。而且受“应试教育”的长期影响，教学方式也多以“灌注式”为主。基于此，我们承担了该课题的研究，希望从地理实践活动切入，以实验研究的方式回归地理课堂，并结合实践活动深化地理课堂教学这一研究过程，改变学生的学习方式，激发学生学习地理的兴趣，培养学生的可持续发展意识、探究意识和地理实践能力，同时促进地理教师的专业发展。

二、研究过程

（一）研究假设

依据科学·人文主义教育理论和多元智能理论及社会学习理论，我们认为，本研究的理论假设是：学生的需要是学生生长和发展的前提，价值是客体满足主体的效能，以需要引导发展，使地理探究性学习方式有利于提高学生探究地理原理和综合思维能力及应用地理知识解决生活中地理问题的能力，有利于提升学生的需要，满足学生在知识、情感、能力方面获得主动、全面、可持续发展的需要。

（二）操作定义

根据研究性学习的理论和地理教学的特点，我们认为，地理探究性学习方式的操作定义是指，在初中地理教学过程中，在教师的价值引导下，以学生的学习需要为出发点，以问题为载体，创设一种类似科学探究的教与学的情境，从地理教材和相关学科及现实中的自然现象、社会生活中，让学生通过地理学科教学中的多元思维活动、信息收集处理活动和观察、观测、调查、制作、实验等实践活动来实际感受和体验知识的产生过程，从而改变学生的学习方式，达到发展学生地理学习能力和促进教师专业发展的目的。根据操作定义，我们将地理探究性学习方式的操作过程简单概括为：发现问题—解决问题—表述成果—感悟成果。

（三）研究途径

初中地理探究性学习方式的研究是由地理实践活动和地理课堂教学活动两条途径构成的。在地理课堂教学活动中，以人教版《初中地理》为蓝本，以探究性学习方式为主线，以生活中的地理事物、地理现象和地理问题为内容，通过课堂中的主题活动，将初中地理课程标准中的知识与技能、过程与方法、情感态度与价值观串联起来，帮助学生进行积极的价值建构，使学生获得完整的世界图景。在地理实践活动中，以观察、观测、实验、调查、制作、设计等探究性学习方式为主线，以生活所在地的人口、经济、社会、环境和资源等可持续发展问题为内容，通过实践中的系列主题活动，深化初中地理课程标准中的知识与技能、过程与方法、情感态度与价值观，引导学生将书本知识和实践相结合，让学生在参与中学习，在参与中行动，从而培养学生的可持续发展意识、创新精神和地理思维能力、实践能力，满足学生全面发展和终身发展的需要。

（四）实验研究方法

1. 实验设计

本研究采用单因素被试间设计。它的两个水平状态是使用地理探究性学习方式和不使用地理探究性学习方式（即传统的接受式学习方式），辅助变量是探究式教学方式。本研究的因变量是地理探究性学习能力。它通过问题能力、实践能力、合作能力和综合能力四大指标来衡量，通过学业的考试、评价指标、实践活动的形式来进行因变量的测量。

2. 实验对象

以2001学年广州市的一所初级中学——82中初一（6）班和初一（7）班的新生作为研究对象，他们的入学分数和其他班相差不到一分，组间无差异。

3. 实验控制

在教学目标上，不仅要考虑如何完成教学大纲所规定的目标任务，使学生掌握基本的地理知识和技能，同时还要考虑学生的发展，要根据不同年龄段学生身心特点和知识结构，使目标具体明确，有利于学生四大能力的发展；在教学内容上，关注学生的情感、知识、能力的同步发展，将教学内容设计成一个个能激发学生学习兴趣的活动，通过活动激发兴趣、掌握知识、发展能力、培养情感，从而在轻松愉快的活动中完成教学和研究目标；在教学方法上，注重科学探究方法（如调查法、实验法、文献法、分析与综合法等）的培养和概念思维图方法的训练，使学生学会学习，学会发展。具体操作见以下教学案例：

表3－2　“地图上的比例尺、方向和大小”教学案例

阶　段	内　容
发现问题	“我是校园规划师”活动。利用多媒体投影，展示学生绘制的“绿色校园平面图”和教师绘制的“绿色校园平面图”，通过教师提问，引导学生发现问题：一幅地图要有比例尺、方向和大小三要素。
解决问题	让学生再次到校园内进行实地测量，确定校园各建筑物和各植物所处的方向；测量各建筑物和各植物之间的实地距离和它们所占的面积。通过收集到的第一手资料，确定校园平面图的比例尺以及各建筑物和各植物之间的图上距离；确定各建筑物和各植物在图上所处的方向；确定各建筑物和各植物用什么图例、使用何种色彩，再次动手绘制“绿色校园平面图”。
表述成果	各小组派代表利用实物投影仪展示并介绍各组的“绿色校园平面图”，并说出它的创新点和需要改善的地方及绿化设计的合理性。
感悟成果	引导学生交流在测量和绘制“绿色校园平面图”的过程中，小组同学是如何合作的？碰到哪些困难？有哪些感想？

三、研究的成果

（一）实践活动的结果与分析

99个实验学生在参与的各项实践活动中，有53%学生的活动成果分别获得省、市和全国大奖。如在广州市第三、四、五届壳牌美境活动中，学生设计的“废旧电池回收箱推广活动”、“清洁白云山路活动”、“垃圾回收行动”分别获得了广州市的一等奖

和实施奖（2个）。在“第十七届全国青少年科技创新大赛”中，学生撰写和设计的《大城市改造的成功范例——广州市“三年一中变”系统工程的调查研究》、《塑造岭南文化品牌——广州南越时期考古遗址的调查》、《家庭污水处理器》分别获得广州市论文一等奖（2个）和设计三等奖，其中《大城市改造的成功范例——广州市“三年一中变”系统工程的调查研究》还获得全国一等奖。在“第十八届全国青少年科技创新大赛”中，学生撰写的《构建广州市绿色生态环境的研究》、《文明古城、千年沧桑——广州古城商都变迁的研究》分别获广州市一等奖和二等奖，其中《构建广州市绿色生态环境的研究》获全国二等奖。

从学生对实践活动的选题和活动成果情况可知：学生已掌握了一定的探究方法，具备了一定的问题能力、实践能力、合作能力和综合能力；在实践活动过程中，也体现了求真求实的科学精神、求善求美的道德情操和可持续发展意识。因此，从另一侧面也说明了研究是有效的、可行的。

（二）学业成绩的结果与分析

课题组从记忆、描述、读图、绘图、综合分析、应用等方面自编试题，采用入学考试、学年考试的方式，对实验班和控制班的学生进行前测、中测和后测，具体情况见表3-3：

表3-3 实验班和控制班学生的认知水平情况表

N=48/50，a<0.01

序次	班别	人数	均分	标准差	T检验	结论
入学	实验班	48	67.94	23.116	T=0.073<2.617	差异不显著
	对照班	50	68.28	22.670		

（续上表）

序　次	班　别	人　数	均　分	标准差	T检验	结论
第一学年	实验班	48	75.60	14.133	T = 3.6947 > 2.617	差异显著
	对照班	50	65.60	21.214		
第二学年	实验班	48	81.02	11.091	T = 3.837 > 2.617	差异显著
	对照班	50	67.50	21.584		

注：评分满分为100分。

从上表可见，实验所选定的两个对比群体的认知水平基本一致，但经过两年的实验，“以需促知，以知展能”的探究性学习方式使学生认知水平有较大的提高，学生的平均分提高，标准差缩小，学业分化缩小，综合思维能力有较大的提高。

（三）学习能力的发展情况

课题组基本以国家新课程标准的目标为依据，通过对实验学校学生的问卷调查结果的分析和征询有关地理教研员和初中地理教师的意见，我们将初中地理探究性学习能力分为“问题能力、实践能力、合作能力和综合能力”四个方面，并将这四方面细化为“观察能力、发现能力、收集信息能力、处理信息能力、解决问题能力、参与能力、效能力、适应能力、语言能力、读图能力、思维能力和发展能力”12个特质作为评价指标。实验后，采取在实验班、控制班中随机抽24名学生分别由科任老师、课题组老师对学生探究能力的四个指标体系进行客观评价，取平均数对照，见表3-4。

表 3-4 学习能力指标评价体系统计表

A 班：实验班；B 班：控制班

评价指标	权 重	班 别	平均数
问题能力	20	A/B	17/13
实践能力	30	A/B	25/20
合作能力	20	A/B	16/15
综合能力	30	A/B	23/14

注：85 分以上为优，75～84 分为良，74～65 分为中，60～64 分为合格。

从上表可知：两个班随机抽样 1/2 的学生进行地理能力的评价比较显示，实验班学生的地理学习能力均属“良”，控制班学生的地理学习能力均属“中”。而且，在实践能力和综合能力方面，实验班的优势较明显，尤其以综合能力更为突出。

四、研究结论

本实验研究的定性和定量评价显示研究有显著的效应，表明地理探究性学习方式有助于提高学生的地理学习能力，这与研究假设基本吻合。研究结果也表明：

(1) 学生进行地理探究性学习方式的训练，能够激发学生的内在需要，使学生产生强烈的好奇心和求知欲，懂得为什么学、如何学以及学习的目的是什么，从而使学生学会学习，学会发展。

(2) 通过概念思维图方法，利用地理学科的特点，使学生善于发现问题、勇于解决问题、乐于探索问题，培养学生的综合思维能力、语言表达能力和实践能力，使学生获得多元化的发展。

（3）通过充满好奇的探究过程，使情感、知识、能力三者和谐发展，使学生在获取知识、形成能力的同时，也培养了学生求真务实的科学精神、求善求美的道德情操，从而提升学生的科学人文素养。

（4）通过课堂教学的优化过程，强调教师对学生的“真、善、美”价值引导性和学生的学习行为和价值建构（即主体性），明确了教师和学生的关系及角色定位。

（5）拓宽了地理课堂教学内容，将地理课堂教学与相关学科内容和社会实践活动紧密相连，使学生的情感知识、能力在社会的广阔天地中得到锻炼、应用和提高。

（6）地理探究性学习方式的研究，带来了教育观念和评价的更新，使我们认为学生的能力表现是多元化的，学生的发展是多元化的。

但由于本研究仅完成了第一轮实验，有些问题尚待进一步解决。如中学生的社会实践活动的能力和安全问题有待进一步提高和改善；如何更科学地评价学生的学习能力、教师的课堂教学和专业发展水平有待进一步研究；如何拓宽地理课堂教学内容，寻找相关学科和社会实践的结合点也有待进一步研究。①

第五节　反馈与调控

反馈是指将系统的输出返回到输入端并以某种方式改变输

① 周慧，周顺彬．初中地理探究性学习方式的实验研究［J］．广东教育，2006（3）．

入，进而影响系统功能的过程；调控则是调节机体的内外环境，使之保持相对平衡的过程。[①] 科研绩效管理中的反馈与调控是指科研管理部门通过绩效沟通的方式，使组织内部成员了解自身科研项目水平，并针对科研管理部门对科研项目给出的改进建议进行修正的管理手段。因此，科研绩效管理的反馈与调控要从项目申报前就开始，特别是在项目立项后到结题前，科研管理部门都要不断地与项目组成员就项目目标的达成进行沟通，督促项目组成员不断修正研究目标、研究内容和研究方法，提升项目成果的水平和质量。

（一）反馈与调控的目的

科研绩效管理中的反馈与调控可以让项目组成员了解：项目研究的效果是否达到了预期的目标；研究的方法是否科学；研究的方向是否偏离；研究的内容是否合理；研究的成果是否具有借鉴的价值；研究的态度是否端正；研究中存在的问题在哪里，应该如何改进等。同时，反馈与调控还可以向项目组成员传递管理组织对项目的期望，并为项目组成员的专业发展提供建议。

（二）反馈与调控的内容

由于基础教育科研绩效管理的重心主要在项目研究的质量上，而有效的反馈与调控可以提升区域基础教育科研的质量。因此，反馈与调控的主要内容包括：项目立项申报书的指导；项目开题的指导；项目研究过程的指导；项目结题的指导；项目成果

---

① http：//baike. baidu. com/view/80120. htm.

申报的指导。

（三）反馈与调控的方法

1. 会议交流的方法

科研管理部门可以借助主题明确的会议，向组织内成员传播研究文化的核心价值观，统一认识，鼓舞士气，消除误解。如在每一个五年计划的开始期，科研管理部门可以召开“区域教育科研工作会议”，通过会议，可以向组织内成员传递未来五年区域教育科研工作的规划、目标、任务、战略等信息；在学期开始时，科研管理部门可以召开“科研工作布置会”，通过会议，可以向组织内成员传递一段时间内科研管理工作的计划、策略、任务、安排等信息；在学期结束时，科研管理部门可以召开“科研工作意见交流会”，通过会议，可以了解本学期科研工作的落实情况，了解科研工作中存在的问题，听取学校对下学期科研工作的建议。

2. 个别指导的方法

由于基础教育的教师群体的日常主要工作是教学，研究对于他们来说显得有点陌生和力不从心。因此，从科研项目申报开始到项目结束，教师都会碰到各种各样的专业问题，这就要求科研管理部门要针对教师的不同需要进行不同内容的个别指导。如在课题申报书撰写时，教师大多不明白应如何选题；不明白在针对研究主题时，应如何通过文献资料的研究与分析，撰写申报书中的国内外研究综述；不明白应如何紧扣主题，分解研究；不明白应如何围绕主要研究内容，采取相应的研究方法。在课题研究过程中，教师只重视围绕研究主题与内容进行各种各样的教学设计，不明白应如何围绕研究主题与内容，将这些教学设计进行提炼与归纳，成为大家可以学习的经验；不明白针对不同的研究内容，各种研究方法应如何运用。在课题结束时，教师不明白应如何整理课题档案资料；易将研究报告写成工作总结，不明白撰写研究报告时应抓住哪些关键点；易将结题答辩讲成工作汇报，不明白结题答辩时应如何表述课题的研究过程与效果。

3．课题调研的方法

科研课题立项后，科研管理部门要对每个立项课题进行跟踪，通过课题调研，了解课题组是否能够按期完成研究工作，课题组在研究过程中遇到哪些困难，课题研究的成果是否有一定的质量，科研管理部门应该提供何种帮助等，从而帮助课题组更加明确研究目标，弥补研究中的不足，克服研究中遇到的困难，提高研究的质量与水平。

4．非正式沟通的方法

在科研绩效管理过程中，区域科研管理部门和学校科研管理部门、课题组成员不可能总是通过正式的渠道来进行沟通与交流。因为正式的沟通与交流往往需要先做好计划，需要先安排时间与地点，而非正式的沟通与交流，不仅其形式、时间、地点可以灵活多样，也可以及时解决问题，激励课题组成员的士气，增强管理者与课题组成员的亲近感，提高管理的效率。非正式沟通的方法主要有电话、交谈、吃饭和闲聊等。

案例：广州市第七中学立项科研课题调研反馈表

调研时间：2009 年 3 月 12 日

<table>
<tr><td>学　校</td><td colspan="3">广州市第七中学</td><td>主持人</td><td>×××</td></tr>
<tr><td>立项课题名称</td><td colspan="5">“四合一”教学模式的普适性研究</td></tr>
<tr><td>立项单位</td><td>全国教育科学规划领导小组</td><td>立项时间</td><td>2007. 10</td><td>结题时间</td><td>2010. 12</td></tr>
<tr><td>主要研究内容</td><td colspan="5">1. 课堂教学的有效性策略与评价。
2. 基于脑科学的学习方式革新研究。
3. 信息卡的功能与使用效度。
4. 互助合作小组构建机制。
5.“反馈—矫正”机制的设置与调节。
6.“全脑动员表”对“全脑偏好图”的影响与调节。
7. 对新课标与新教材进一步完善的具体建议。
8. 配套新教材的选择题与板演题、检测题组合。
9. 教案流程的设计与编写。
10.“学习日记”的使用与功能。
11. 素质教育的课堂教学原则。
12. 教学反思与教学风格的形成。</td></tr>
<tr><td>主要研究方法</td><td colspan="5">实验研究方法与数据资料研究方法</td></tr>
<tr><td>研究进度</td><td colspan="5">1. 准备阶段（2007 年 10 月至 2008 年 1 月）：制订实验方案，落实课题分工，确立子课题研究项目，筹集经费。
2. 实验阶段（2008 年 2 月至 2009 年 2 月）：各实验学校、各子课题组按照实验方案进行实验工作，做好实验记录，并整理撰写中期实验报告，每位实验教师要提交五份课例实录与反思：包括两个新授课、一个练习课、一个复习课、一个讲评课，有条件的请附上录像光盘。总课题组印发简报交流。
3. 交流阶段（2009 年 3 月至 2010 年 3 月）：各实验学校公布课题组教师每周课程表，欢迎“推门观课”。各实验</td></tr>
</table>

（续上表）

	学校、各子课题组进行互访、观课、交流活动，改进并完善实验方案与措施，举行中期阶段总结大会。 4. 总结阶段（2010年4月至2010年12月）：各实验学校和子课题组进行实验总结，举行研讨会，提交总结报告，结集出版有关成果，准备进行成果鉴定与结题工作。
预期成果	报告集《课堂教学模式与评价机制研究阶段成果》；论文集《课堂教学模式与评价机制研究》；专著《课堂教学模式与评价机制研究》。
研究中的优势	该课题是七中承担的全国教育科学“十五”规划课题《“四合一”主体教学模式》的后续研究，其开展课题的有利条件是有华南师范大学教科院和广州市教育局教研室的专家亲自参加课题组的实验研究以及中山大学第一附属医院的教授协作指导。该课题能着眼于整合市内多所学校的优质资源，已有14所学校作为子课题参与此课题研究，主要依靠第一线的教师开展实验研究；已在2008年以“四合一”主体教学模式为题，申办教师继续教育课程，并举办各种主题沙龙，进行课题实验的研讨与交流；目前，已印发课题《简报》共四期，基本完成中期阶段小结。
研究中的不足	1. 研究工作不够扎实，课题研究没有统计数据支撑，学校对子课题缺乏系统管理。 2. 没有总课题的中期研究报告；没有已发表的论文；已印发的四期课题《简报》大多是计划、教案、侧重于某方面的心得体会、总结或活动讲稿、通讯稿，缺乏有深度的研究论文或研究报告；没有按照课题方案，按时完成中期成果——报告集《课堂教学模式与评价机制研究阶段成果》。 3. 没有形成完整的课题档案。

（续上表）

建　议	1. 应按照课题方案确定的实验研究方法与数据资料研究方法等研究方法，落实各项研究内容的实施，有效地将“四合一”主体教学模式向子课题学校拓展。 2. 应将14个子课题学校的研究成果，以方案中的各项主要研究内容为单位进行提炼，做好课题实验数据的统计分析，尽快完成总课题的中期研究报告。 3. 尽快把在课题研究中写成的论文发表。 4. 建立完整的课题档案。

第六节　总结与推广

总结是对过去一段时间内工作或学习等情况进行回顾、分析，并作出客观评价的材料；推广则是扩大施行与作用的范围。在基础教育科研绩效管理中的总结与推广是指科研管理部门有组织、有计划、有步骤地对一段时间内教育科研立项课题的研究情况进行分析与评价，并将课题研究的思想、内容及方法在一定范围内施行，使之转化为教育效益的过程。因此，科研管理部门对成果的总结与推广要从课题结题开始，在结题的过程中发现一些有较高学术价值与应用价值的课题成果，并将其在一定范围内进行推广与应用，以提高教育效益。

（一）总结与推广的目的

教育科研是一种创造性的认识与实践活动，它反映了社会公认的学术价值与社会价值。因此，教育科研成果的总结与推广，有助于学界和社会了解与承认教育科研成果的价值，促进教育科学知识的普及和教育科研成果的推广与应用；有助于学术信息的沟通与交流，避免他人进行重复研究，减少人力、物力、财力的浪费，能够使更多的人共享学术资源；有助于为其他课题的研究和学校科研管理的进一步优化提供明确的方向，激励学校与课题组改进自身的管理与研究，提高研究的质量；有助于促进教师的专业发展，提高教师的研究水平与能力，帮助教师从单纯的经验型向研究型、学者型转化。

（二）总结与推广的内容

在基础教育阶段，科研成果总结与推广的主要内容包括：成果的验收与鉴定；研究成果中先进的教育教学思想、教育教学规律与原则、教育教学方法与技术。

（三）总结与推广的方法

1．典型示范的方法

众所周知，典型示范的作用是无穷的，它不仅可以对其他课题起到学习与借鉴的作用，也能起到成果交流与推广的作用。典型示范是指有组织、有计划、有步骤地将课题研究的思路、内容及方法在一定范围内应用，并尝试将其转化为形象性教育效益的过程。其特征主要表现如下：第一，内化性。要将课题研究得出有价值的成果在一定范围内应用，并转化为研究者自身的学术观点和操作方式。第二，交流性。在一定范围内推广有价值成果的思路、内容和操作，供参与课题研究的学校和研究者学习和借鉴。

以越秀区为例，科研管理部门根据总课题实施方案，有计划地召开“有效的课堂教学设计与实施”课题研究现场交流会，以典型示范的方式交流与推广区域有效教学研究中有价值的成果。其操作步骤依次为：听取介绍—选取典型—观课研讨—现场展示。例如，首先，总课题组根据各子课题的阶段性总结和座谈会中各学校的介绍，分别选取育才学校和育才中学作为课题研究现场交流会的展示学校。然后，总课题组派专家进入这两所学校的语、数、英课堂，与授课教师共同研究：如何根据攻关组研究的“各学科教学目标与教学内容对应表”和已形成的部分教学策略来设计课堂教学；如何根据攻关组研究的课题“课堂教学评价表”来评价一堂有效的课堂教学的设计与实施。在此基础上，总课题组专家通过课例观摩，指导授课教师和参与课题研究的学科教师如何设计教学目标（包括预设性目标和生成性目标）；如何呈现教学内容（包括重点难点把握、整体结构科学和教学资源选择）；如何设计与实施教学过程（包括教学策略、指导调控、激励引导、学习机会和思维培养）；如何评价课堂教学效果（包括目标达成度和学生发展状态）等。通过课例观摩和研讨，攻关组的部分研究成果已内化为授课教师自觉的课堂教学行为，总课题组决定分别在一所小学和一所中学召开课题研究现场交流会，将已取得的部分成果以课例的形式展现给全区的学校和语、数、英三科的学科教师，并分别邀请人民教育出版社语、数、英学科研究员和省、市教研室的教研员对现场交流会上展示的课例进行点评。课题研究现场交流会展示的六个语、数、英课例都获得了到会专家的好评。

通过典型示范的方法，参与课题研究的学校和教师基本了解了在课堂教学中如何运用研究成果以及如何将科研与教学挂钩的做法，增强了学校“科研促教”的信心。但在实施典型示范方法的时候，需要注意以下问题：第一，要注意选取现场交流会的学校，使交流的学校真正起到典型示范的作用；第二，要注意对提供示范课的教师进行具体、细致的指导，以便将课题研究的思想、方法和成果内化为授课教师的教学行为；第三，要注意通过课例观摩激发教师潜在的研究意识和研究热情，引导教师认识到科研就在身边。①

2. 成果汇编的方法

成果汇编是以文字材料的形式，将众多的科研成果，按一定的格式，集结汇编成一本专门的材料集。其目的是为更多的课题成果提供交流的机会，为更多的课题研究人员提供学习的资源。为了节省版面，成果汇编要按照一定的格式，其主要内容包括课题名称、立项级别及编号、课题主持人、主要成员及完成单位、3 000 字左右的研究成果简介、主要研究成果以及成果应用效果与推广价值等。其中，研究成果简介主要包括课题背景、课题的创新点和课题的效果等；主要研究成果则包括已发表的论文、教材和专著等。

3. 网络交流的方法

网络推广是利用网络媒介，通过专题网站或网页，对科研成果进行一定的宣传和推广活动。其目的在于可以让更多的人认识与了解这些科研成果，使科研成果能够在更大的范围内得以应用。

---

① 赵佩霞，周慧. 提高教学有效性的区域实施策略［J］. 教育导刊，2010（2）：61—64.

案例：网络环境下高中新课程的管理、实施与评价①

立项级别：广州市越秀区软科学研究项目

项目编号：2005－JY－002

课题主持人：刘秋萍

课题承担单位：越秀区教育发展中心、广州市第七中学、广州市培正中学和广州市育才中学

研究成果简介：

一、课题背景

2004学年开始，广东省作为实验区率先实施普通高中新课程。在实践中我们发现：第一，学校为了达到普通高中新课程改革的目标，就要改变原有的学校管理制度，建立与高中新课程相适应的教学管理制度和选修班级管理制度，在管理层面上整体推进学校高中新课程的改革，推动学校课程开发和学校课程的多元化建设，形成与高中新课程相适应的灵活化、开放化和特色化的学校教学管理制度。第二，这些改革和变化必然对教师的专业发展提出新的挑战，要求教师不仅能胜任高中新课程的教学，而且是新课程的开发者和研究者，同时还要一人开多课，一课多人开，从而促进教师不断钻研业务，提高知识层次和教学水平，以便开出高质量、受学生欢迎的必修课和选修课。第三，高中新课程改革在培养目标上特别强调学生的全面和个性发展，因此，学校通过学分管理、选课指导管理、考试管理和评价管理，实施高中新课程，从而满足不同学生个性化发展和多样化发展的需要，促进学生的全面发展。第四，在进行高中课程改革的实施过程

① 该项目获广东省中小学教育教学创新成果一等奖。

中，学校在管理层面所遇到的问题主要集中在学生自主选课、学生选课指导、发展性评价、学分管理等环节上，要采取有效措施，保证新课程改革的顺利实施，必然会利用信息化手段来进行新课程管理。然而，学校原来的管理系统都是基于原有课程而设计的，已经不能适应课程改革的需要，因此学校渴望满足新课程改革实施要求管理系统的出现，对高中新课程实施信息化管理。

基于此，课题组以高中新课程管理为切入点，开发高中新课程信息化管理系统，希望通过高中新课程信息化管理系统实现学校管理与现代信息技术的整合，促进学校课程管理手段的现代化、理念的实践化、模式的时代化，使学校管理顺应新课程实验的要求，为一线教师的课程实验提供保障。同时，用管理推动高中新课程的实施和评价，促进教与学的行为方式的转变。

二、课题的创新点

(一) 理论层面

本课题研究界定了网络环境下高中新课程管理的内涵。

1. 研究假设

根据马克思关于人的全面发展的理论、建构主义的学习理论、活动理论和质性学习评价理念，我们认为，网络环境下高中新课程的管理、实施与评价是以学生的发展需要为前提，以学校的教学管理为切入点，以教与学的评价为调控手段。在网络管理系统的引导下，实施高中新课程改革，可以更新教师的教学观念，转变课堂教与学的方式，提高教师与学生的信息素养和水平，促进学校教学管理的现代化。

2. 操作定义

(1) 教学研究管理：我们认为，教学研究管理是指学校有目的、有计划地引导教师共同解决学校教学问题，提高教师研究水平和专业发展的一种教育管理制度。

(2) 学分管理：我们认为，学分管理是指学校根据国家三级课程管理的思想，将课程分成学术性与非学术性两大类，由不同的主体认定不同的课程，从而计算学生学习分量的成绩和确定学生能否毕业的一种教育管理制度。

(3) 选课管理：我们认为，选课管理是指学校在为学生提供多样化课程的基础上允许学生根据个人的学习需求做出选择修习的一种教育管理制度。

(4) 考试管理：我们认为，考试管理是指学校为了实现国家的培养目标，根据各学科课程标准中对不同学段学生的知识与技能、过程与方法、情感态度与价值观的达标要求，设计科学、合理的考试内容和考试方法，实施公平、客观的考试监督和质量分析，促进学校教与学发展的一种教育管理制度。

(5) 评价管理：我们认为，评价管理是指学校对教师教的各个方面和学生学的各个方面进行量化和非量化测量，并得出可靠、科学结论的一种教育管理制度。

(二) 课程层面

高中新课程信息化管理系统构建了一种多元化、弹性化、动态化的课程结构，推动了学校课程开发和多元化校本课程的建设，优化了国家课程结构，促进了高中新课程的改革。课题组开发的选课系统，不仅了解了学生的兴趣特长、希望发展的方向和家长的期望，而且也满足了学生个性发展的需要。

(三) 教师层面

通过高中新课程信息化管理系统，引导教师对高中新课程的课堂教学进行研究，提高了教师对高中新课程的实施能力和开发能力，同时鼓励了教师开设除必修课以外的选修课，形成了一种选择与竞争机制，满足了学生的学习需要和教师的专业发展需要。

（四）学生层面

通过高中新课程信息化管理系统，推行选修制与学分制，培养了学生自主学习的能力和自立自信的精神，激发了学生的求知欲和广泛的兴趣，体现了学生学习的主体性，培养了学生学习的主人翁意识和选择意识。

（五）管理层面

通过高中新课程信息化管理系统，对高中新课程进行信息化管理，提高了学校管理的效率和效益，提升了学校管理的现代化水平，促使学校管理更加人本化，更好地为教学服务，为学生的发展服务。

（六）资源共享层面

通过高中新课程信息化管理系统的开放性、灵活性和综合性的特点，促使区内学校共享管理资源、教学资源和评价资源，从而促进了学校之间的沟通与交流，实现了区内学校的均衡发展。

（七）成果应用层面

本课题研究为区域内学校高中新课程的信息化管理提供了操作典范，推动了我区高中新课程改革的深入实施，促进了教师专业发展的水平和学生的和谐发展，实现了区域内学校管理的现代化。

三、课题的效果

（1）设计和开发了高中新课程信息化管理系统，主要表现在开发了高中新课程信息化教学管理系统，其设置包括基本设置、师资管理模块设置、学籍管理模块设置、备课组管理模块设置、选课管理模块设置、课程管理模块设置、学生课堂记录管理模块设置、成绩管理模块设置、学分及补考管理模块设置、学生成绩评估模块设置、教师评价体系设置和行政班级管理模块设置。同时，还设计和开发了高中新课程信息化评价管理系统。

（2）通过信息化环境下高中新课程选课管理的实施，了解了学生的兴趣和特长，满足了学生的个性发展和不同学习的需要，提高了教师的开发和执行课程的能力，提高了课程管理的效率和效益。

（3）通过信息化环境下高中新课程考试管理的实施，体现了考试管理的过程性，提高了考试管理的效率和考试管理的科学性。

（4）通过信息化环境下高中新课程学分管理的实施，不仅注重学生的学习过程，而且注重学生的学习结果。同时，将烦杂的管理工作系统化、信息化和过程化，使学分管理更符合学生个性发展和全面发展的需要，满足学生的学习需要，成为促进教师专业发展的动力。

（5）通过信息化环境下高中新课程学生档案管理的实施，能够及时跟踪和了解学生的学习、心理发展状况，有利于对学生进行因材施教，促进学生的全面和个性发展。

（6）通过信息化环境下高中新课程选修班级管理的实施，打破了原有行政班的管理建制，要求学校建立一套与原有行政班不同的管理机制，以适应高中新课程结构的需要。

（7）通过信息化环境下高中新课程评价管理的实施，促进了师生间的相互交流与沟通，激发了学生学习的自主性和主动性。

第四章　区域基础教育科研绩效管理平台的设计与应用

第一节　科研绩效管理平台的构建

反观我国中小学教育信息化十多年来的发展历程，从推动校校通、资源库建设，到倡导信息技术与课程整合；从世纪之交教师个人主页、班级主页萌芽，到现今教师博客、学生博客兴起；从以教师设计为主的资源型课程网站，到记录学习过程的交互型学习平台；从唯虚拟世界的矫枉过正，到强调虚拟与现实结合的辨证思考等，信息化以润物细无声之势融入了基础教育的方方面面。

目前，我国贯以“教育科研网”名称的网站大多是发布一定区域内教育发展信息和动态的网站。教育科研管理部门或科研机构主办的“教育科研”网站，以中央教育科学研究所和上海市教科院普通教育研究所主办的教育科研网为代表，则实现了包括科研管理制度、课题立项公告、重大项目研究动态等信息公开与有着行政管理或业务指导隶属关系的不同主体间信息的上传与下达。

对于集管理、研究、指导、培训等职能于一身的区域基础教育科研业务管理部门而言，现有的各类资源建设平台都没能很好地解决科研管理中遇到的诸多问题，因此，我们认为有必要在研究绩效管理策略的基础上，开发一个区域科研绩效管理平台，以实现从科研课题的申报立项、规划研究、拓展应用等方面强化对区域科研的规范管理，更好地保证课题建设和成果应用的质量。下面，以越秀区为例探讨科研绩效管理平台的构建。

一、科研绩效管理平台的框架设计

越秀区科研绩效管理平台是一个融管理、指导与研究于一体的、能进行集约化管理和过程化指导的信息化平台。它能够节约教育科研的管理成本，体现教育科研的生态过程，有利于教师与基层学校的主动发展，有利于研究成果的共享与推广。

根据区域科研管理的需要，在构建区域科研绩效管理平台的探索过程中，我们开发了两个子系统平台，即课题分类管理平台和专家评审支持平台，两者既相互联系，又相对独立。两个子系统平台内部均采用三层设计架构，分别为表现层、业务逻辑层和数据访问层，将各功能模块按不同层级进行分类。由此，我们设计的区域科研绩效管理平台的架构可概括成如图 4－1 所示：

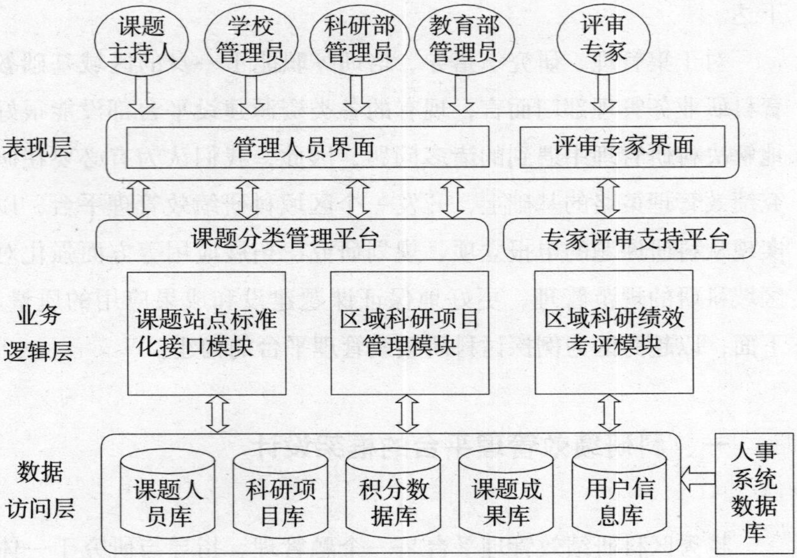

图4-1　区域基础教育科研绩效管理平台的基本架构

二、区域基础教育科研绩效管理平台的五类用户管理职能

越秀区的科研绩效管理平台是一个与区域科研管理工作过程同步的“用”的网络平台，而非单纯展示、传播信息的“看”的网络平台，这一平台能起到“减负增效”的作用。因此，该平台凸显出管理上的三大特点：第一，设置的管理任务、基本内容表现常态化，是与常态科研管理紧密结合的；第二，使用平台的主体展现多样性，具有“学校管理员”、“课题主持人”、“科研部管理员”、“教育局管理员”和“评审专家”五类用户；第三，

后台管理体现扁平化，不设置网络专管以避免增加管理成本，负责信息审核的后台管理员直接由区科研部管理员担任，主要完成原先在网络下操作的课题流程管理及专家评审的协调等工作。

1. 学校管理员用户

学校管理员用户由各基层学校教科室主任使用，其管理界面的内容包括：

（1）科研课题管理。

①局属课题（特指越秀区教育科学规划课题）：负责设置和管理本校承担课题的主持人账号，负责审查本校人员承担的所有课题的全过程、各阶段的材料（含申报、立项合同、开题报告、中期报告、结题验收/鉴定申请等），也可以替校内其他老师发起课题申报或结题验收/鉴定申请。

②非局属课题［包括越秀区科信局软科学项目，广州市、广东省、全国教育科学规划课题，广州市、广东省、全国哲学社会科学规划项目课题，国家社科基金（教育学、心理学）立项课题］：负责审查本校人员承担课题的结题验收/鉴定申请，也可以替校内其他老师提交课题立项后的过程材料（含立项合同、开题报告、中期报告等）或发起课题结题验收/鉴定申请。

③校本研究课题：负责本校此类课题的填报及其全过程管理。

④汇总填报本校所有课题的研究成果（含出版、发表、获奖等）和成果清单。

⑤查询本校所有课题信息，填写课题变更情况申请表并提交申请。

⑥查询越秀区对本校所有课题的绩效评价结果。

（2）本校科研成果奖申报。即完成将本校科研成果提交越秀区教学（或创新）成果奖的申报工作。

2. 课题主持人用户

课题主持人用户由各基层学校内各类立项课题的主持人使用。

（1）局属课题（特指越秀区教育科学规划课题）：负责填报并提交本人承担的立项课题的全过程、各阶段的材料（含申报、立项合同、开题报告、中期报告、结题验收/鉴定申请等）。

（2）非局属课题［包括越秀区科信局软科学项目，广州市、广东省、全国教育科学规划课题，广州市、广东省、全国哲学社会科学规划项目课题，国家社科基金（教育学、心理学）立项课题］：负责提交本人承担的课题立项后的过程材料（含立项合同、开题报告、中期报告等）以及发起课题结题验收/鉴定申请。

（3）查询本人承担的所有课题信息，填写课题变更情况申请表并提交申请。

（4）对本人承担的课题进行绩效自评，查询越秀区对本人所有课题的绩效评价结果。

（5）将本人科研成果提交申报越秀区教学（或创新）成果奖。

3. 科研部管理员用户

科研部管理员用户由越秀区教育发展中心科研部教师使用。

（1）局属课题（特指越秀区教育科学规划课题）：负责审查课题的全过程各阶段的材料（含申报、立项合同、开题报告、中期报告、结题申请等）；对上述课题的不同实施阶段（含申报、开题报告、中期报告、结题验收/鉴定申请等）分配网上评审专家开展评审，协调解决评审过程中出现的问题，并将其中的课题申报立项的专家评审结果报送区教育局审核；对上述课题进行分类调研，填写反馈意见；审查课题变更情况申请表。

（2）非局属课题［包括越秀区科信局软科学项目，广州市、广东省、全国教育科学规划课题，广州市、广东省、全国哲学社会科学规划项目课题，国家社科基金（教育学、心理学）立项课题］：负责备案学校上报的此类课题立项后的过程材料（含立项合同、开题报告、中期报告等）；审查上述课题的结题验收/鉴定申请材料，没有通过审查的课题不允许再将结题申请材料上报市、省等上级单位，以保证本区非局属课题的结题质量。

（3）对越秀区教育局局属学校人员承担的课题进行绩效评价，并提请区教育局审核。

（4）负责备案学校上报的课题研究成果（含出版、发表、获奖等），备案之后学校不能再修改。

（5）负责分类汇总学校提交的申报越秀区教学（或创新）成果奖的科研成果材料，分配网上评审专家开展评审，将专家评审结果报送区教育局审核。

4．教育局管理员用户

教育局管理员用户由越秀区教育局教育发展科使用。

（1）结合专家评审结果，审核局属课题申报材料，并批复立项结果。

（2）结合专家评审结果，审核局属学校申报越秀区教学（或创新）成果奖的科研成果材料，并批复获奖结果。

（3）结合科研部绩效评价结果，审核局属学校人员承担的课题绩效情况。

5. 评审专家用户

评审专家用户由越秀区教育科研专家库专家使用。专家按“教育学”、“心理学”、“教育技术”、“基础教育”、“职业教育”、“幼儿与特殊教育”六大类学科作分类；每个专家组由3～5位专家组成，设组长1人。

(1) 评审局属课题的申报、开题报告、中期报告、结题验收/鉴定申请等材料。

(2) 评审越秀区教学（或创新）成果奖申报材料。

第二节 科研绩效管理平台两大子系统的功能

本章将根据科研绩效管理平台两大子系统的主要用途，将其设计框架及各支撑模块的功能和作用分别进行介绍，并对其在区域科研课题的管理、课题成果的分享、评审专家和区教育局的评价中所起的作用进行详述。下面，以越秀区为例探讨科研绩效管理平台的子系统功能。

一、区域基础教育科研绩效管理平台的两大子系统设计

（一）课题分类管理平台

课题分类管理平台是区域基础教育科研绩效管理的主要基础性平台，从课题申报到立项批准、开题论证、中期研讨、结题论

证，再到成果申报，都通过网络一条龙工作系统进行。区域及学校的科研管理主要是通过该平台实现的，其过程体现了公开、公平和公正。

该平台共分四大功能区，其结构如图 4－2 所示：

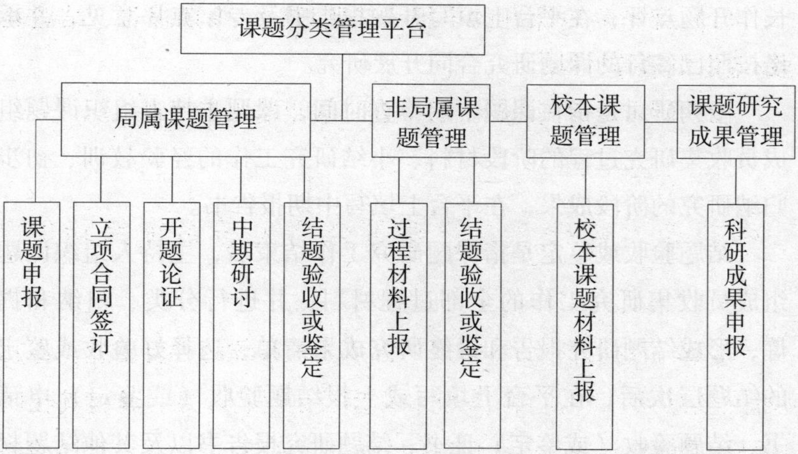

图 4－2　课题分类管理平台的功能架构

1. “局属课题管理” 功能区

“局属课题管理” 功能区是课题分类管理平台的重点管理区，其基本管理内容有五项，即课题申报、立项合同签订、开题论证、中期研讨、结题验收或鉴定。

课题申报是指局属学校人员按照越秀区教育局文件通知规定的指导思想、基本原则、选题内容、项目类型、资助强度、申请条件、申报限额、申报程序和申报材料要求上报材料，并在平台上填写课题申报书。

立项合同签订是指通过评审的课题，需由课题主持人、课题所在单位在平台上按照合同书要求的不同类型课题预期成果最低标准签署合同，不按标准作出承诺的，做自动放弃立项处理。

开题论证是指课题主持人在接到立项通知后一个月内组织开题报告会，由主持人亲自作开题报告论证课题，由评审专家组组长作开题点评；在平台上填写开题报告书及专家点评意见，并承诺按照已签订的课题研究合同开展研究。

中期研讨是指在课题中期检查时间，课题主持人组织课题组成员收集研究过程的阶段材料、小结研究工作的经验教训、初步归纳研究的阶段成果，在平台上填写中期报告书。

结题验收或鉴定是指课题研究工作结束后，主持人组织课题组成员收集研究工作的全部过程材料，并进行分类、归纳和提炼，形成结题研究报告和最终研究成果清单；选择好验收或鉴定的结题层次后，在平台上填写或上报结题验收（或鉴定）申请书、结题验收（或鉴定）证书、结题研究报告书以及其他结题材料，向区科研部提出结题申请；区科研部对申请结题的课题材料进行形式审查，通过者则参加区教育局、区科研部组织专家进行的课题结题验收（或鉴定）评审活动。

2. “非局属课题管理”功能区

“非局属课题管理”功能区的基本管理内容有两项，即过程材料上报和结题验收或鉴定。

过程材料上报是指由学校审查并上报本校人员承担的非局属课题立项后的过程材料（含立项合同、开题报告、中期报告等），管理平台作备案。

结题验收或鉴定是指课题研究工作结束后，主持人组织课题组成员对研究成果进行分类、归纳和提炼，选择好验收或鉴定的结题层次后，在平台上填写或上报结题验收（或鉴定）申请书、结题验收（或鉴定）证书、结题研究报告书以及其他结题材料，向区科研部提出结题申请；区科研部对申请结题的课题材料进行形式审查，通过者由区科研部汇总并统一报送参加上级教育行政主管部门组织的课题结题验收（或鉴定）评审活动。没有通过审查的课题不允许上报结题申请材料至上级教育行政部门，以保证本区非局属课题的结题质量。

3. “校本课题管理”功能区

“校本课题管理”功能区的基本管理内容主要是一项，即校本课题材料上报。

校本课题材料上报是指由学校自行确定并实施的校本研究课题，主要通过各基层学校教科室主任负责其全过程管理，并由学校管理员用户在平台上填报相关的课题材料，管理平台作汇总备案。

4. “课题研究成果管理”功能区

“课题研究成果管理”功能区的基本管理内容主要是一项，即科研成果申报。

科研成果申报主要包括两方面的任务：第一，每个学期末，学校管理员用户在平台上汇总填报本校所有课题的研究成果（含已出版、发表、获奖等的成果）和成果清单，区科研部完成平台备案之后学校不能再作修改；第二，当越秀区教育局组织教学（或创新）成果奖评奖工作时，学校管理员用户在平台上提交本校科研成果进行申报，区科研部负责分类汇总学校提交的成果材料，分配网上评审专家开展评审，将专家评审结果报送区教育局审核，最后由区教育局批复获奖结果。

（二）专家评审支持平台

专家评审支持平台是评审专家用户与科研部管理员用户、学校管理员用户互动的平台。这是一个动态生成与静态设定相结合的资源库，其结构包括专家团队组成、学校审查本校教师提交的申请、科研部审查和分配各课题评审专家、专家填写评审意见、专家评审意见和教育局审核意见反馈、课题成果分享与查询等。

二、支撑两大子系统的三个模块

（一）课题站点标准化接口模块

区域科研绩效管理平台是由多个课题站点组成的。不同资源站点所采用的硬件平台、系统软件平台和数据库系统存在着不同的差异，为了确保教育主管部门能从各课题站点获取所需的课题研究情况信息，区域科研绩效管理平台通过中间件、Web Services 等技术实现与局属中小学校幼儿园的课题站点的对接，还可以从各课题站点数据库动态中读取各学校课题站点中的立项课题基本信息、研究进度、成果情况、绩效评价等信息，使多项信息同时存放在科研绩效管理平台中。然后，区域科研绩效管理平台通过汇总可以得出局属各单位科研成果的总量排序和各课题研究成果的强弱排名，在此基础上生成特定报表，可以为区域教育科研的绩效评价和相关数据挖掘提供第一手数据。

（二）区域科研项目管理模块

在《越秀区教育科学规划课题管理办法（试行）》的指引下，本模块可以实现对全区所有教育行政科研课题项目的一体化统筹管理，实现五类用户之间很好的沟通，便于区域科研管理部门和局属中小学校幼儿园等单位把握各自的科研项目进度，合理安排项目经费、人员和时间，促使各科研课题项目能优质高效地完成。

区域科研项目管理主要包括：①课题项目基本信息管理。管理平台可以实现局属单位各课题研究项目的主要信息（如课题主持人、完成进度、项目经费）管理、研究工作进展管理等。②课题项目过程性绩效管理。区科研管理部门和学校管理人员只需要在平台输入课题项目的一些基本信息，就可以随时查询各校课题项目的研究进程，查看各校课题研究成果的自动分类统计情况。③课题数据挖掘与自动统计。区域科研绩效管理平台可对局属各单位所有课题的相关数据进行横向、纵向对比与分析，此部分与区域科研绩效考评模块密切联系。

（三）区域科研绩效考评模块

借助于课题站点标准化接口模块所获取的相关数据，本模块的功能主要有：①系统通过对用户的评价、上传量等信息进行归类与整理，对用户访问数据的分析与挖掘，可按学期、按学年得出各级各类课题的基本信息、研究进程、成果类别与数量，生成各类用户所需要的统计报表。②根据课题研究情况实现科研成果的自动分类统计与筛选推荐管理，从而提升区域科研绩效评价的效度与力度，激励局属各单位和教师开展有效的研究，提高他们参与教育科研的意识与积极性。

第三节 科研绩效管理平台的应用价值

基础教育科研绩效管理平台，是借助网络信息的丰富性、交互性和传递的快捷，设计并建设而成的一种覆盖面广、效率高、可互动的常态区域教育科研管理和指导系统。它将有利于节约教育科研的管理成本，有利于体现教育科研的生态过程，有利于研究成果的共享与推广。

区域基础教育科研绩效管理平台的投入使用，对进一步促进区域基础教育科研绩效管理的科学化、规范化和信息化，促进区域中小幼学校教育科学研究的繁荣和发展具有重要而深远的意义。下面，以越秀区为例，探讨其科研绩效管理平台的应用价值。

一、分层用户管理，以人为本工作

（1）区域基础教育科研绩效管理平台采用分层级的用户管理体制，课题主持人、学校管理层、区科研部、评审专家、区教育局等五级用户分别拥有不同的管理、使用权限，科研课题的信息数据实行“课题主持人—学校管理层—区科研部”三级录入、“评审专家—区教育局”二级审核的管理模式。利用此管理平台，教师、学校、区科研管理部门可以充分共享信息资源，管理各自层面的科研工作。

区域基础教育科研绩效管理平台完全符合越秀区目前运行的教育科研管理模式。该管理平台涵盖了目前区域科研管理的各个方面，体现出日常科研管理中立项机构、课题项目、科研成果、评奖活动的类别划分、层级界定等科学可行的管理规则。管理平台还尽可能地将更多数据项设计成自定义模式，为适应今后科研管理规则可能发生的变化提供了更新的可能。

（2）开发管理平台的目的，就是应用网络平台实现科研课题的常态信息化管理。为此，建成的区域基础教育科研绩效管理平台充分体现出以人为本的工作理念，它优化了管理模式，规范了办公程序，各种科研数据的查询、统计、汇总、报表、打印都可以通过管理平台在短时间内完成，将广大教师和科研管理人员从大量烦杂、重复的工作中解放出来，有效地节约了时间和人力，提高了工作效率。

绩效管理策略的引入及其支撑平台的开发，对课题的申报、立项、研究、结题和应用情况进行全方位的管理，可以很好地监控课题研究的全过程；激励承担课题单位和课题主持人，实现教师的以人为本自主发展；提高科研成果的应用和推广率，实现区域教育科研的可持续发展。

二、整体引导科学研究，汇聚展示成果价值

（1）区域基础教育科研绩效管理平台从整体上引导着基础教育课题研究的发展方向。其绩效评估不仅关注课题研究者个人，而且强调对课题研究计划、项目和承担课题研究机构的评价；评

估的内容不仅涉及研究活动的直接产品，而且还重视课题研究多方面的影响因素，重视课题研究的产出成果及其对社会贡献的多样性，强调对科研工作过程和长期效果的综合评价。由此，实现对局属基础教育课题多角度的整体绩效管理。

通过课题引领、项目驱动，管理平台实现了区域科研管理部门与基层学校、评审专家与一线教师在网络世界“面对面”的互动，从而引导着局属中小学校、幼儿园课题研究的发展方向。一方面，每个已立项的国家、省、市、区级课题，可自动生成电子资料档案袋，把有关课题的背景资料、研究方案、开题活动、中期报告、结题报告以及课题研究成果展示在平台上，这样可以使区域科研管理部门及时了解各课题的研究动态、阶段研究成果、研究中需要协调的问题以及课题组的过程管理是否规范，完成对各课题的调研反馈任务，从而实现对科研课题的有效管理与跟踪管理，实现课题研究文本管理向规范化和信息化管理的转变，提高课题管理的效率和档次。另一方面，利用专家评审支持平台，可以整合各类专家资源对课题进行跟踪式的过程化指导，评审专家可从立项批准，到开题论证、中期研讨、结题论证、成果申报，对整个流程中的每个环节都进行必要的指导。

（2）作为区域教育科研管理工作信息化的总门户，作为汇聚区域教师现阶段所有科研课题成果信息的平台，区域基础教育科研绩效管理平台成为对外全面展示区域教育科学科研成就及其基层学校科研业绩的重要窗口，也为上级教育管理部门和社会各界了解区域基础教育科研课题的发展状况提供了便捷的渠道。

科研绩效管理平台为局属每个单位及每一位课题主持人分配了用户账号，使每个单位、每个课题都拥有一个属于自己的科研管理系统。这样既为课题主持人管理本课题的各方面科研资料提供了智能化工具，又为学校管理者集约管理和评价本校所有科研课题的人员、进展、成果及其推广提供了交互式规范平台，更为区域推进不同学校课题研究优秀成果的瞬间集中、促进学术交流与跨校合作、跨学科研究搭建了平台。

三、减负增效确保自主发展，双效统一强化信息支持

（1）区域基础教育科研绩效管理平台具有“减负增效”的作用。一方面其后台管理体现扁平化，能减少管理环节、降低管理成本；另一方面它是融管理、指导与研究于一体的、能进行集约化管理和过程化指导的信息化平台，通过实施绩效激励来规范科研课题的流程管理，增强基层学校基于课题研究而产生的凝聚力和创造力，促进教师科研群体的自主成长，提高科研效益。

开放式的区域基础教育科研绩效管理平台的构建，在延展教育科研时空的基础上，为区域基础教育科研管理部门与全区教师架构起一种新型的通道，营造出广泛参与、互相支持的宽松的科研软环境，打造出课题引领、成果共享的互动的交流空间，形成了一种多元开放、多向互动、多方支撑的网上教科研新格局。科研绩效管理平台拓宽了教师获取教育科研信息的渠道，使其中的研究者既是一个自由人的联合体，又是一个有一定工作规范的网络学习共同体。其网络形态更使教师充分领略到开放、民主、互动、协作、支持所带来的专业化成长的愉悦，能不断提高教师利用管理平台进行教育教学研究活动的能力，进而加快教师的专业化发展，使每位教师的专业化成长周期在这里表现出不同程度的

缩短。

（2）区域基础教育科研绩效管理平台能确保管理绩效与科研绩效的统一，为管理决策、政策制定提供了准确、有力的信息支持。

美国国家绩效评估小组曾给绩效管理下过一个经典的定义：绩效管理是“利用绩效信息协助设定统一的绩效目标，进行资源配置与优先顺序的安排，以告知管理者维持或改变既定目标计划，并且报告成功符合目标的管理过程”。与此相符，区域科研绩效管理平台能够及时准确地提供局属单位所有立项课题的整体发展状况、局属单位及其教师个人的科研课题研究水平和研究成果状况，为区域行政管理部门和学校管理部门进行管理决策、制定政策提供有力的基础性数据依据，从而为增强决策科学性发挥重要作用。

由于区域基础教育科研绩效管理平台是一个与基层学校课题研究工作过程同步“用”的平台，与常态的区域教育科研管理工作紧密结合，所以还需要在平台使用过程中、在科研课题研究过程中收集、反馈信息，不断改进和调整管理平台的建设。

第五章　区域基础教育科研绩效管理的评价

近年来，随着校本研究的深入开展，学校结合教育教学中遇到的实践问题，在专家的引领下依靠自己的能力，广泛开展教育科研。为了更好地引导基层学校教育科研的持续、特色和高位发展，区域基础教育科研管理部门如何通过科研绩效评价，提高学校教育科研的质量，成为区域教育科研管理部门面临的迫切任务。

第一节　概念与意义

一、科研绩效评价的内涵

（一）绩效评价

绩效评价（Performance Appraisal）是现代组织人力资源管理体系的重要组成部分之一，也是其中最为复杂的过程。绩效评价又称绩效考核，是指考评主体对照工作目标或绩效标准，采用科学的考评办法，评定员工的工作任务完成情况、员工的工作职责履行程度和员工的发展情况，并将评定结果反馈给员工的过程。①作为现代组织人力资源的管理手段之一，绩效评价具有强大的控制、反馈、激励与开发功能，被广泛运用到现代企业管理中。

（二）科研绩效评价

科研绩效评价旨在对科学研究的绩效进行评价，以判断科学研究满足特定目标的程度。传统的科研评价主要采用投入—产出评价模式，注重科学研究的直接产出，包括发表的论文、著作等以及这些研究结果直接应用的“二级产品”，如设计、软件开发等。随着科学研究内涵和使命的不断扩展，科研投入的不断加大以及科研竞争的不断加剧，尤其是科学经费作为国家财政的重要投入，面临着社会监督和公共问责的问题，在这种背景下，单一的科研评价方法已不能满足需求。科学研究的不确定性以及产出和结果的多维度的特点，意味着没有一个简单的尺度能够完全反映一个科研项目的贡献。科学研究的贡献可以概括为以下四个方面：一是科学方面，增加知识存量；二是教育方面，提高技能和培养人才；三是技术方面，发展新技术和提高技术水平；四是文化方面，即对人类思想观念、文明进程等的影响。科研绩效评价正是要改变对科学研究的传统价值判断和评价方法的“单一化”倾向，弥补其不考虑科研过程中的其他贡献，并忽视科研广泛、

① 付亚和，许玉林．绩效管理［M］．上海：复旦大学出版社，2007．28．

长远社会影响的缺陷。[①]

（三）基础教育科研绩效评价

基于以上对绩效评价、科研绩效评价的理解，结合区域基础教育科研的现状，我们认为，区域基础教育科研绩效评价是：考评主体对照工作目标或绩效标准，采用科学的考评办法，对区域内科研项目的完成情况、实施过程、实施效果及影响给予评定，并将评定结果反馈给项目组的过程。

关于区域基础教育科研绩效评价，我们认为有以下两个关键点：

一是关注绩效形成过程及绩效结果的持续改进。绩效可以理解为成员自身各项素质在具体条件下的综合反映，是员工素质与工作对象、工作条件等相关因素相互作用的结果。因此，绩效会因时间、空间、工作任务和工作条件（环境）等相关因素的变化而不同，从而呈现出明显的多样性、多维性与动态性，这也就决定了对绩效的评价必须是多角度、多方位和多层次的。因此不仅要关注具体的业绩结果，更要关注绩效形成过程的行为与态度，以促进绩效水平的持续提升。结果导向的思维方式，往往使我们在科研管理绩效评价中，关注对绩效结果的控制，而忽略对工作过程的控制和督导。从根本上说，如果绩效形成的过程是不可控的，那么其结果的可靠性就值得怀疑。对结果的评估与控制并不能改变结果本身，也并不能保证绩效水平的不断提升。因此，区

---

① 赵学文，龚旭．科学研究绩效评估的理论与实践［M］．北京：高等教育出版社，2007．25—36.

域基础教育科研管理绩效评价不仅要关注绩效结果，更要强调目标、辅导、评价和反馈等一系列达成结果的过程，通过对过程的控制改进绩效结果，确保绩效水平的不断提升。这样的绩效评价理念才能推动区域基础教育科研管理部门更加注重以多种方式，有计划、有目的、有重点地对区内科研课题做好过程管理，力争使科研管理科学、规范，提高科研工作的质量，为科研成果水平的提升奠定基础，并及时发现一些研究扎实、深入和有成效的课题，逐步进行推广和交流，以提高成果的转化率和普及率。

二是基于共同愿景的过程控制。科研团队的成员来自不同的专业领域，他们往往在自己的领域里具有较深的造诣。管理大师德鲁克曾说过："知识工作者比他们的老板更了解他们的工作，否则他们就不能发挥什么作用。事实上，因为他们比组织里的任何人更懂得他们的工作，也是他们被称为'知识工作者'的部分原因。"科研团队的工作不是例行的、重复的，而是要充分发挥团队巨大的创造潜力，进行创造性的工作。产生创造性的过程不易控制，而且难以程式化。因此，这里的过程控制必须基于管理者与团队成员一起确定的共同价值观、公认的原则和绩效标准，而不是通过权威、命令甚至理性的分析过程加以控制。科研管理部门可以通过调研、开展区域科研培训和牵头组织区域课题研究等形式，与科研团队充分、持续地沟通，求同存异，建立共同愿景，达到对科研过程的控制。[①]

① 刘莺．关于区域教育科研管理绩效评估的思考［J］．教育测量与评价，2008（9）．

二、绩效评价在区域基础教育科研绩效管理中的地位和作用

绩效管理的基本流程包括绩效计划、绩效实施、绩效评价、绩效反馈和绩效结果的应用。绩效评价作为绩效管理的关键环节，其成功与否不仅取决于评价本身，很大程度上也有赖于整个绩效管理活动的成功开展。评价决定方向，深入研究基础教育科研绩效评价，是改进和提高科研绩效管理水平，提高科研绩效的迫切需要。

从区域基础教育科研绩效管理的角度看，绩效评价的作用主要体现在以下五个方面：①评价项目目标达成情况，对科研绩效作出科学公正的评价；②规范科研行为，提高管理水平和科学研究的效率；③发现优秀的科研团队和个人，推进创新团队建设；④确保科研奖励的权威性和公正性，推动区域基础教育科研的可持续发展；⑤为改进科研绩效管理提供科学依据。

第二节　原则与方法

一、区域基础教育科研绩效评价的原则

（一）公开与开放原则

一个良好的绩效评价体系首先是公开的，这样才能取得上下认同，确保绩效评价的顺利实施。其次，评价的标准不能只是科

研管理部门单方面的设定，而是需要与被评价方事先沟通协调：要召集学校管理者、科研骨干开座谈会，征询意见，集思广益；根据座谈会的讨论内容筛选相关评估指标；找专家进行咨询。最后，引入自我评价、管理部门评价和专家评价，在一定程度上确保绩效信息客观、公正，降低因对评价结果不认可而导致的冲突。

（二）实用与可操作原则

任何一次评价，都要充分考虑客观环境所能提供的时间、财力、物力，要充分考虑到效益与成本的关系。从内容上来看：一是数据资料是可以获得的；二是数据资料尽可能量化；三是设置的指标体系要尽可能简明扼要，要点突出。从方法上来看，要充分考虑目标和职能两方面的要求，寻求成本与效果的最佳结合点，满足区域基础教育科研的现实需求与发展需求。

（三）全面与动态原则

绩效评价不仅要关注具体的业绩结果，更要关注绩效形成过程的行为与态度，通过对过程的控制改进绩效结果，确保绩效水平的不断提升。绩效评价本身也是一个动态的持续过程，所以不能孤立地进行绩效评价，而应将绩效评价放在绩效管理系统中考虑，重视评价前期与后期的相关工作。

（四）反馈与提升原则

评价后的结果要及时反馈，好的业绩结果要推广并坚持，不足之处要加以纠正、弥补。在现代人力资源管理系统中，关注绩效水平的持续提升是现代评价理论的出发点，事前有计划，事后有及时反馈与持续的沟通，这样才能促进区域基础教育科研水平的提升。

二、区域基础教育科研绩效评价的方法

科学研究的绩效评价方法基本上可以分为三类：第一类是定性评价方法，专家针对科研活动的绩效，按照一定的标准给出评价结论，如同行评议、实地考察、专家调查等。从评价实践看，定性评价是使用最为广泛的方法。第二类是定量评价方法，针对科研活动采用文献计量学、技术经济、数值化模拟等方法，主要评价科研活动的产出和科学研究的社会经济影响，评价指标主要涉及论文、报告、专利、专著、经济收益、社会效益等各个侧面。第三类是综合评价方法，将定量和定性的手段有效结合，如综合调查评价、案例研究评价等。任何一种评价方法都有其具体的实用范围和相对局限性，因此，在具体的评价实践中，需要依据评价的要求和目标，考虑各种方法的配合运用，提高评价的准确度和可信度。①

区域基础教育科研绩效评价具体方法的选择以及综合运用取决于组织管理的文化特征，评价的目的、对象、成本以及管理者的能力态度等方面。科研课题研究不是靠一个人单打独斗，而是要集团队之力，共同完成。所谓团队是指由两个以上具备互补知

---

① 赵学文，龚旭. 科学研究绩效评估的理论与实践［M］. 北京：高等教育出版社，2007. 47—108.

识与技能的人所组成的、具有共同目标和具体的、可衡量的绩效目标的群体，团队成员为达到共同的团队目标相互负责、彼此依赖。[①] 因此，科研绩效评价主要是针对科研团队进行的，同时由于教育科研产出的不确定性、研究结果影响的不确定性等因素，兼顾定量与定性的综合评价。

第三节　类别与体系

一、区域基础教育科研绩效评价的类别

区域基础教育科研绩效评价的内容必须选自于区域科研的关键职责领域和目标领域，这样才能抓住绩效的本质；要考虑绩效评价的性价比，兼顾评估结果的客观准确与方法的便于操作，避免短期的、有误导性的指标；要具有发展性眼光，注重科研后劲。根据评价内容的侧重点，区域基础教育科研绩效评价可以分为学校科研管理组织绩效评价、课题绩效评价、学术团队绩效评价以及组织成员绩效评价等四个类别。

（一）学校科研管理组织绩效评价

学校科研管理组织绩效评价能够比较全面地反映各个学校的教育科研工作情况。由于学校科研管理组织绩效评价的全局性、重要性，在确定具体评价指标时，应充分调查，掌握一手材料。

---

① 付亚和，许玉林．绩效管理［M］．上海：复旦大学出版社，2007．329．

学校科研管理组织绩效评价由7个一级指标和27个二级指标组成。7个一级指标包括科研机构、课题立项、课题管理、团队合作、研究活动、研究效能和学术创新。其中，科研机构二级指标2个：学校教育科研管理、学校课题指导；课题立项二级指标2个：行政立项课题、事业单位和社会团体立项课题；课题管理二级指标7个：课题组人员构成、管理办法、研究方案、中期报告、结题报告、经费使用以及课题档案；团队合作二级指标3个：协作分工、共享资源、勇于开拓；研究活动二级指标3个：研讨交流、现场观摩、培训讲座；研究效能二级指标7个：预定目标达成、研究方法、论文发表、出版专著或教材或电子产品、获奖情况、推广价值、人才培养；学术创新二级指标3个：理论创新、实践创新、成果影响。评估指标的等级分为A、B、C三个标度并分配相应的分值。评估形式采用自评与他评相结合，评估方法以查阅资料、个别访谈为主。

因为工作性质，基层学校从事科学研究的侧重点与高校和科研院所不同，其研究水平和质量与高校和科研所也有一定的距离。因此，学校科研管理组织绩效评价指标注重科研习惯的养成、科研人才的培养和锻炼以及科研成果对学校教育教学的影响。充分发挥评价的激励性、导向性和依据性功能，定量与定性相结合，在保护学校和教师参与课题研究的积极性的同时，使评价能够真正起到促进学校科研管理组织可持续发展的目的。

（二）课题绩效评价

课题绩效评价主要针对每一个具体课题，从规范性、达成性、科学性、效能性、学术性、创新性和应用性共七个方面来评价课题绩效。根据结题验收和结题鉴定的不同要求，在权重设计方面有所区分。

案例：越秀区教育科学规划立项课题验收评审标准

项目名称：　　　　　　　　主持人：

立项单位：　　　　　　　　承担单位：

　　　　　　　　　　　　　项目编号：

项　目	评审要求	权　重	分　值
规范性（32分）	课题立项通知或合同书	4	
	课题申请书	4	
	课题开题报告或实施方案	4	
	课题中期报告	4	
	课题结题报告	4	
	结题验收或鉴定申请书	4	
	结题验收或鉴定证书	4	
	结题相关辅助材料	4	
达成性（15分）	完成课题任务书或合同书或实施方案中设定的预期研究目的和研究内容。	15	
科学性（15分）	研究方法科学，资料数据翔实，推理严密，统计分析科学。	5	
	论点正确，符合客观实际，表述准确，相对完整。	5	
	文字通顺，语言简洁，图表清楚，可读性强。	5	

（续上表）

项 目	评审要求	权 重	分 值
效能性（20 分）	完成任务书或合同书或实施方案中设定的预期研究成果。如在中文期刊上发表论文或出版专著或电子产品数。	12	
	成果能够有效地促进学校办学或学科的教学水平和教学质量的提高。	5	
	论文被国内检索系统收录和引用。	3	
学术性（6 分）	成果对教育教学实践具有很强的指导作用。	6	
创新性（6 分）	能够科学地界定该成果的核心概念，提炼该成果的规律和方法。	6	
应用性（6 分）	成果可直接应用于教育工作实践并可望获得良好的效益。	6	
评审等级	分值：		
	等级：		

说明：1. 每项评定时，按评定要素考虑赋分；2. 评审等级：优秀（85 分以上）；良好（70～85 分之间）；合格（60～69 分之间）；不合格（60 分以下）。

（三）学术团队绩效评价

人才培养、学术团队的成长作为科研绩效的重要组成部分，往往容易被忽视，人们把更多的关注放到发表论文、出版专著等因素上。要想改变这种状况，可实施学术团队绩效评价。对于团队而言，绩效有三个层次，即组织绩效、团队绩效和成员绩效。

团队指标体系应该反映出这三个层次，只有实现或者有助于实现组织战略的团队绩效才是有效的；同时，从团队的特点来看，指标体系不应违背团队协作性这个基本原则，但又要承认个人的贡献。这样，团队指标体系应该是反映上述三个绩效层次的指标的整合。[①] 也就是说，学术团队绩效评估不仅要对科研团队的绩效目标进行评估，还要考虑团队成员的工作表现以及团队绩效对组织（单位）总体目标实现的贡献。

学术团队绩效评价一般包括以下三个方面：一是组织绩效，主要包括课题的过程管理是否规范和研究活动的开展，如实施方案、中期报告、人员分工、经费使用、档案整理、观摩交流等情况；二是团队绩效，主要包括课题成果对学校教育教学的促进程度、人才培养状况、课题成果的获奖与应用情况等；三是成员绩效，主要包括成员的论文发表、专著出版和获奖等。

（四）组织成员绩效评价

组织成员绩效评价主要反映个人在教育科研方面的成就，一般从一定时间内个人参加的课题研究、发表论文和论著、获奖情况等几个方面来评估。

二、区域基础教育科研绩效评价体系

学校科研管理组织绩效评价、课题绩效评价、学术团队绩效

---

① 刘志高，刘军．基于团队的绩效评价指标体系的建立思路及应用［J］．商业研究，2005（13）．

评价、组织成员绩效评价等四类评价，既相互联系，又各有侧重，形成区域基础教育科研绩效评价体系。其中，学校科研管理组织绩效评价是对学校科研工作全面、系统的评价，而课题绩效评价、学术团队绩效评价、组织成员绩效评价则是侧重某一方面的评价，并且三者部分重叠（如图 5－1 所示）。

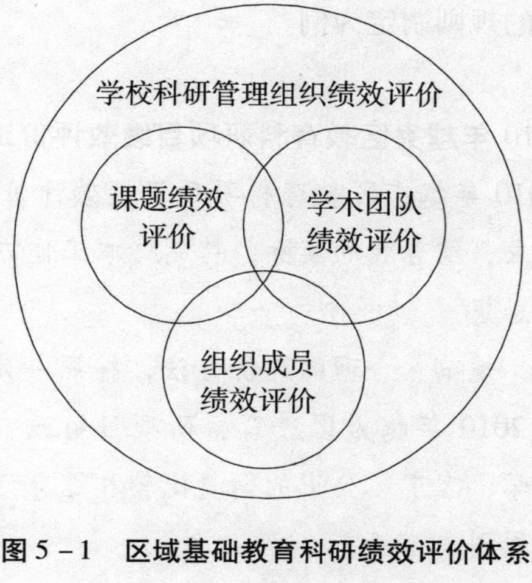

图 5－1　区域基础教育科研绩效评价体系

第四节　应用与反思

一、区域基础教育科研绩效评价的基本流程及实践

根据实际需求，我们将区域基础教育科研绩效评价的基本流程确定为：制定评价规则—实施绩效评价—提供绩效反馈—推动

绩效改进四大环节。

（一）制定评价规则

制定评价规则具体包括制订绩效评价工作方案、设计绩效评价调查问卷、设计绩效评价指标体系、确定评价者（一般是自我评价和科研管理部门评价）。下面以2010年越秀区学校科研管理组织绩效评价的规则制定为例。

案例：2010年越秀区教育科研项目绩效评价工作方案

为做好2010年越秀区教育科研项目绩效评价工作，根据市、区财政相关要求，结合我局实际，特制订本工作方案。

一、指导思想

运用科学、规范、合理的评价方法，按照一定的指标体系和评价标准，对2010年越秀区教育科研项目财政支出行为过程及其效果进行科学、客观、公正的衡量比较和综合评价。

二、评价原则

（一）合法性原则

强调符合法律、法规、规章和规范性文件的规定，遵循严格、规范的工作程序。

（二）科学性原则

通过定量与定性分析相结合的评价方式，充分考虑财政支出的特点和运作过程，以真实反映我局在教育科研项目实施过程中管理和使用财政资金的能力，力求形成合理、公正的评价结果。

（三）经济性原则

注重从资金投向的合理性、资金使用的效益和效率等方面进行评价。

（四）可行性原则

立足现实条件，尽量采取易于操作、实用可行的方式进行。

三、评价范围和对象

绩效评价范围为2010年越秀区教育科研项目。

绩效评价对象为越秀区教育局。

四、开展评价时间

2011年__月__日至201__年__月__日

五、工作安排

（一）加强组织领导

开展教育科研项目绩效评价对提高财政资金使用效益，进一步增强绩效观念和责任意识具有重要作用，但同时也是一项工作量大、专业性强、难度较大，缺乏可以借鉴的现成经验的工作。为保证绩效评价工作的顺利开展，越秀区教育局成立区教育科研项目绩效评价工作小组，由越秀区教育局局长任组长，主管副局长任副组长，财基科、发展科、教育发展中心等部门有关人员为成员，具体负责组织实施区教育科研项目财政支出绩效评价工作。绩效评价工作小组需定期开会讨论安排绩效评价工作，及时研究解决工作中存在的困难和问题，全面开展绩效评价工作，把绩效评价工作落到实处。

（二）开展宣传发动

由中小学校各教科组负责组织学校深刻理解开展绩效评价工作的重要意义，明确开展绩效评价的指导思想、组织领导、目标任务、评价范围、评价内容、评价方法和工作步骤。通过宣传发动，形成思想共识，为做好绩效评价工作打下良好的思想基础。

（三）制订工作方案

紧密结合区教育科研项目的工作实际，由教育发展科负责制订绩效评价工作方案，并通过多个会议布置实施。

（四）明确方法步骤

绩效评价工作小组根据绩效评价工作的实际情况，认真按照“一种方法”、“四个步骤”开展绩效评价工作。本次所采用的评价指标主要包括定量指标和定性指标两大类，“一种方法”即按照公众评判法的要求，对本项目无法直接利用指标计量的效益定性指标通过督导评估、公众问卷及抽样调查等方式对绩效评价内容完成情况打分；“四个步骤”即按照宣传发动、制订方案、开展绩效自评与满意度调查相结合、综合汇总评价等四个步骤进行。

（五）评价工作开展

由于教育科研的效益是无法用通用指标进行评价的社会效益，因此，需要以与项目所设定的目标相关内容的满意度指标作为评价指标，由××设计调查问卷，在学校校长、学校中层干部、教师中，在不同场合中随机抽取样本完成问卷调查表的设计、发放、统计工作。同时，××负责绩效评价工作自评报告撰写和绩效评价指标体系的设计与填写。财基科负责对经费统计情况的审核工作。

（六）评价结果总结

各部门在____月____日前完成所承担的工作任务，并提交工作小组讨论2010年越秀区教育科研项目绩效评价工作自评报告，认真归纳存在的问题和努力方向，对项目实施后所取得的效益提出补充意见。

（二）实施绩效评价

1. 学校科研管理组织绩效评价

对照区域中小幼教育科研工作绩效评价表，首先由学校自我评价，得出相应分值；再由科研管理部门在查阅科研档案资料的基础上，参考自评分值，得出最后分值。

2. 课题绩效评价

首先，由课题主持人提出结题验收或结题鉴定的申请并提交一份结题材料；第二，科研管理部门审核结题材料，确定是否可以结题；第三，科研管理部门召集课题评审专家、各课题组成员举行集体结题；第四，课题评审专家参照对应的鉴定或验收的评审标准，给出一个评审等级（优秀、良好、及格或不及格）以及具体的评审意见。

3. 学术团队绩效评价

在实践中，我们一般采取调研统计和资料分析的方法，通过定性与定量的方式来评价学术团队绩效。一是定期调查统计区域内政府立项课题团队绩效情况，分别从课题与论文发表、课题与教师专业成长、课题与教育教学质量、课题与获奖情况四个方面进行数据调查统计，通过数据对比呈现各个课题团队的绩效。这样做还便于科研管理部门全面掌握区域科研课题的成果情况，同时督促课题组成员树立成果意识，注重科研绩效的持续提升。二是在审核课题档案资料时，对有关研究人员专业发展的材料重点关注，如课题组成员在研究过程中的自我成长、自我发展和自我反思等。

案例：学术团体成员反思

区域重点课题“差异教学策略的实验研究”攻关组——东山实验小学的董振颐老师在其课题研究反思《实施课题研究 促进专业发展》中写到：“在实施差异教学之前，我不断阅读和学习有关差异教学理论的书籍，明确差异教学的定义，了解差异教学和传统班级授课制的区别。另外，为了让课题组的教师能够更快地掌握差异教学的理论、模式和方法，区科研部多次组织课题组的教师，通过课题研讨会以及专家专题讲座等多种形式，为教师的学习培训提供平台，营造氛围，促使教师更新教育观念，树立新的教育理念。通过理论学习和培训，让我能以最快的、最便捷的方式吸收先进的教育理念和教学方法，促使自身专业的快速成长。”

育才学校的叶慕兰老师在《我快乐，我成长——参加“差异教学”课题组体会》中写到：“在参与课题研究活动的过程中，我得到了课题组其他成员技术上和精神上的极大支持，深切感受到发挥集体智慧和团队力量对做好课题研究工作的重要性。通过科研工作的开展，我针对自己开展的活动进行认真反思，总结哪些地方做得正确，哪些地方还有待改进。近年来，我们课题组开展了多种形式的课题研讨活动，如课题教学观摩、课题论文交流等。活动后，我会围绕研究目的开展活动，对自己的教育行为反思，从而增强了自己设计活动、组织活动的能力。通过自己不断反思和实践获得的经验，我撰写了论文并获了奖，也执教了区级公开课，科研教学水平得到了进一步的提高。”

4. 组织成员绩效评价

目前，在实践中，我们一般采取评选科研先进个人的形式来进行组织成员绩效评价。其评价指标主要包括参与者课题研究的数量、发表论文论著数、获奖情况等。

（三）提供绩效反馈

在四大环节中，尤其需要强调的是提供绩效反馈和推动绩效改进。一是因为日常的评价常常落入定规则、给分数的窠臼，花费大量时间、精力完成的数据表格被束之高阁；二是这两个环节体现了我们关于区域基础教育科研绩效评价的基本观点之一，即关注绩效形成过程及绩效结果的持续改进。绩效反馈的过程还可以听取不同意见，便于评价规则的优化和改进。

绩效反馈一般是通过每学期的下校科研课题调研达成的，包括面谈和书面形式（立项科研课题调研反馈表）。绩效反馈需要特别注意以下四点：一是充分了解该课题的相关资料；二是反馈具体、明确，侧重激励；三是把重点放在如何解决问题上；四是要提供经常性的绩效反馈，通过对过程的控制改进绩效结果，确保绩效水平的不断提升。

（四）推动绩效改进

所谓绩效改进，就是分析绩效评价结果，针对存在的问题制订合理的绩效改进方案，并付诸实施，以达到提升绩效的目的。绩效评价有客观设定的标准，绩效改进的关键就是找到实际绩效与标准绩效的差距，明确绩效改进的需求，再据此实施。在实践中，对于绩效评价所反映出来的个别性问题，主要采用下校调研、个别辅导等方式加以落实；对于绩效评价反映出来的带有普遍性的问题，则采用专题培训、讲座的方式加以落实。

二、区域基础教育科研绩效评价的反思

区域基础教育科研绩效评价作为区域基础教育科研绩效管理的一个环节，其目的不仅是对科研管理的质量进行评价，更多的是通过有效运用评价的手段促进科研管理水平的持续提升，为改进工作提供一个反馈渠道。其绩效评价更多的是一种促进与推动的过程。因此，工作并没因课题结题而结束，我们会鼓励、推荐做得好的课题参加广州市和广东省教学成果奖及广东省创新奖等高级别的评奖，提高该课题研究的知名度和成果的影响范围；召开区域层面的课题成果推广会，分享经验教训，促进课题成果在教育教学实践中持续应用并取得明显的效益。

总之，绩效评价本身是一个动态的、持续的过程，所以不能孤立地进行绩效评价，而应将绩效评价放在绩效管理系统中考虑，重视考核前期与后期的相关工作，事前有计划，事后有及时反馈与持续的沟通。在现代人力资源管理系统中，关注绩效水平的持续提升是现代评价理论的出发点。因此，区域基础教育科研管理绩效评价必须对绩效形成的过程进行引导，对绩效的最终结果进行控制，全面提升区域科研管理绩效，实现区域教育科研的持续、特色和高位发展。①

---

① 刘莺．关于区域教育科研管理绩效评估的思考［J］．教育测量与评价，2008（9）．

参考文献

［1］贺志强，陈静．区域教育资源建设的绩效管理策略及支撑平台研究［J］．中国教育信息化，2009（18）．

［2］傅骞，代永兴，李娜．教育资源区域共建策略及支持平台研究［J］．中国远程教育，2007（1）．

［3］尹睿．区域基础教育信息资源共建共享机制的研究［J］．中国电化教育，2007（9）．

［4］J. A. D. Holbrook. Why Measure Science? *Science and Public*，1992，19（5）．

［5］Susan E. Cozzens. The U. S. Research Assessment：Recent Developments［J］. *Scientometrics*，1995．

［6］佘诗刚．法国科技评估体系与动作模式［J］．科技政策与发展战略，2002（5）．

［7］David Demeritt. The New Social Contract for Science：Accountability，Relevance，and Value in UK Science and Research Policy［J］. *Antipode*，2000，32（3）．

［8］赵学文，龚旭．科学研究绩效评估的理论与实践［M］．北京：高等教育出版社，2007．

［9］National Science Foundation，Science and Engineering Indicators 2004，National Science Board，2004.

［10］郭继东. 学校人力资源管理［M］. 兰州：甘肃文化出版社，2005.

［11］陈树文. 人力资源管理［M］. 北京：清华大学出版社，2010.

［12］李爱梅，凌文辁. 战略导向的高校科研绩效管理体系研究［J］. 科技管理研究，2009（6）.

［13］赵佩霞，周慧. 提高教学有效性的区域实施策略［J］. 教育导刊，2010（2）.

［14］陈向明. 在参与中学习与行动［M］. 北京：教育科学出版社，2003.

［15］郑金洲. 校本研究指导［M］. 北京：教育科学出版社，2003.

［16］柳斌. 学校教育科研全书. 北京：人民日报出版社，1998.

［17］周慧，周顺彬. 初中地理探究性学习方式的实验研究［J］. 广东教育，2006（3）.

［18］付亚和，许玉林. 绩效管理［M］. 上海：复旦大学出版社，2007（28）.

［19］刘莺. 关于区域教育科研管理绩效评估的思考［J］. 教育测量与评价，2008（9）.

［20］刘志高，刘军. 基于团队的绩效评价指标体系的建立思路及应用［J］. 商业研究，2005（13）.

后　记

《区域基础教育科研绩效管理研究》一书是越秀区教育发展中心科研部的三位同仁基于日常的区域基础教育科研管理工作实践，经过广泛的调查研究、大量的文献阅读、激烈的观点碰撞，历经三个寒暑，共同完成的一部著作。这本书的出版凝聚了我们的心血，也见证了我们之间的友谊。

全书共分五章，其中第一、二、三章由周慧撰写，第四章由高慧冰撰写，第五章由刘莺撰写，最后由周慧负责统稿。

本书的撰写和出版得到了各级领导、专家、同行的大力支持和帮助，在此衷心感谢。感谢广州市教育局科研处邵国良处长、谷忠鹏处长、黄晓婷副处长给予我们研究的灵感，不断地督促与勉励；感谢广州市教科所熊少严所长、傅荣副所长、陈发军老师、郑家裕老师对我们研究工作的指导和支持，熊少严所长还亲自为本书作序；感谢越秀区教育局张远木副局长高瞻远瞩，对科研管理的宏观把握；感谢区教育局发展科王东科长、熊卫霞副科长对我们研究工作的政策指导，对我们存在不足的理解、包容；感谢越秀区信息中心刘小莲主任、张安安老师、丁奕刚老师在基础教育科研绩效管理平台建设过程中的辛勤工作和真诚合作；最后，衷心感谢单位领导刘其祥校长以及各位同事为我们提供了宽松、和谐、积极向上的工作环境，使我们在常规工作之余还能潜心研究。

由于才疏学浅，本书还存在很多不足之处，恳请有关专家和广大读者对本书提出宝贵意见，我们将在您的推动下不断前行。

著　者

2012 年 9 月 29 日